新天理図書館善本叢書 4

古語拾遺

嘉禄本・暦仁本

八木書店

例　言

一、本叢書は、天理大学附属天理図書館が所蔵する古典籍から善本を選んで編成し、高精細カラー版影印によって刊行するものである。

一、本叢書の第一期は、国史・古記録篇として、全六巻に編成する。

一、本巻には、『古語拾遺　嘉禄本』『古語拾遺　暦仁本』を収めた。

一、各頁の柱に書名等を記し、料紙の紙数を各紙右端の下欄に表示した。

一、「嘉禄本」の裏書は同巻末に一括して収め、本文該当箇所上欄および裏書図版右傍に、裏書番号と相互の該当頁を示した。

一、「嘉禄本」の錯簡は本来の順序に復元して収録し、該当箇所にはその旨の注記を付した。

一、原本の解題は山本崇氏（奈良文化財研究所主任研究員）が執筆、訓点解説は木田章義氏（京都大学名誉教授）が執筆し、本巻の末尾に収載する。

平成二十七年十月

天理大学附属天理図書館

目次

古語拾遺

嘉禄本

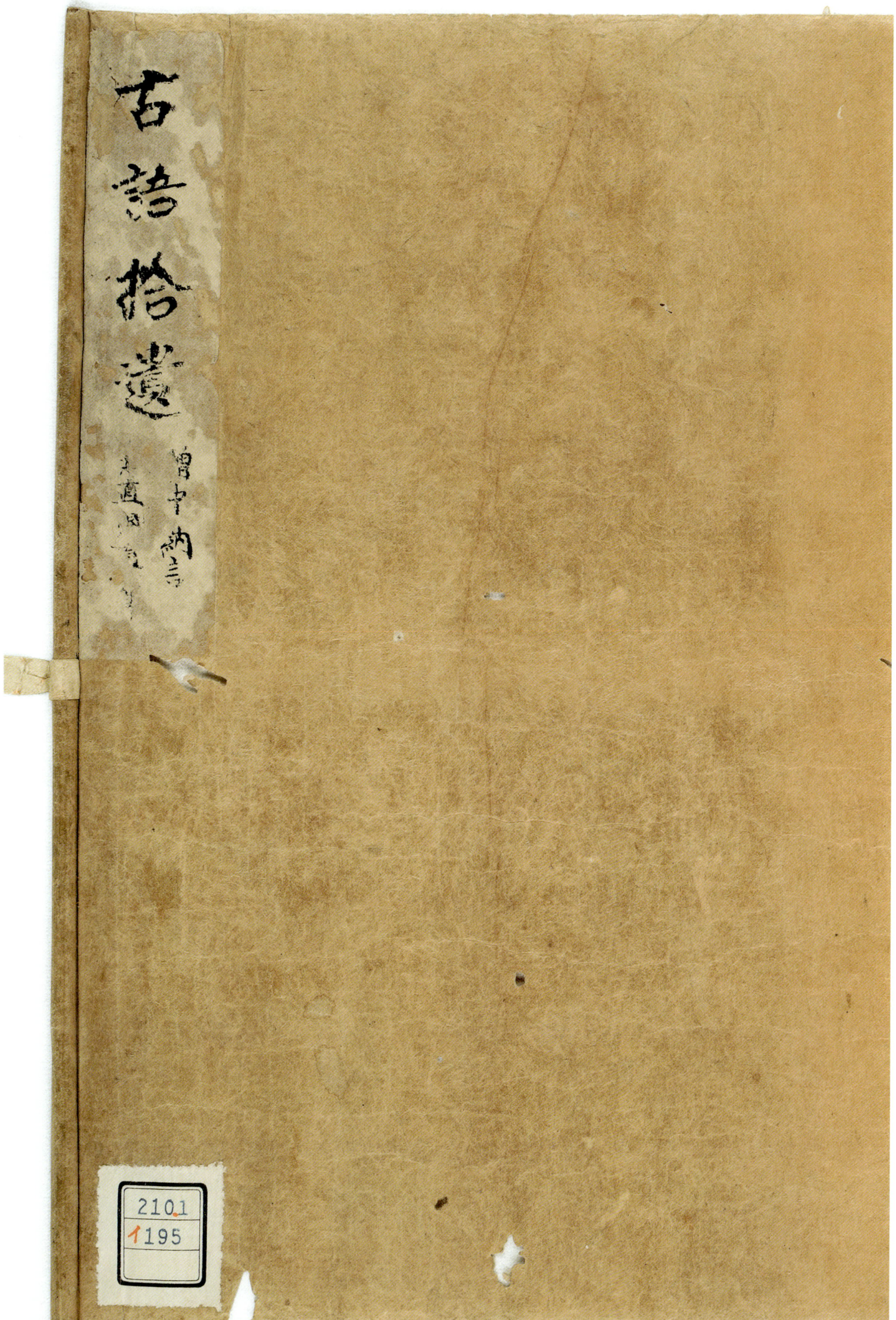

古語拾遺　嘉禄本　表紙

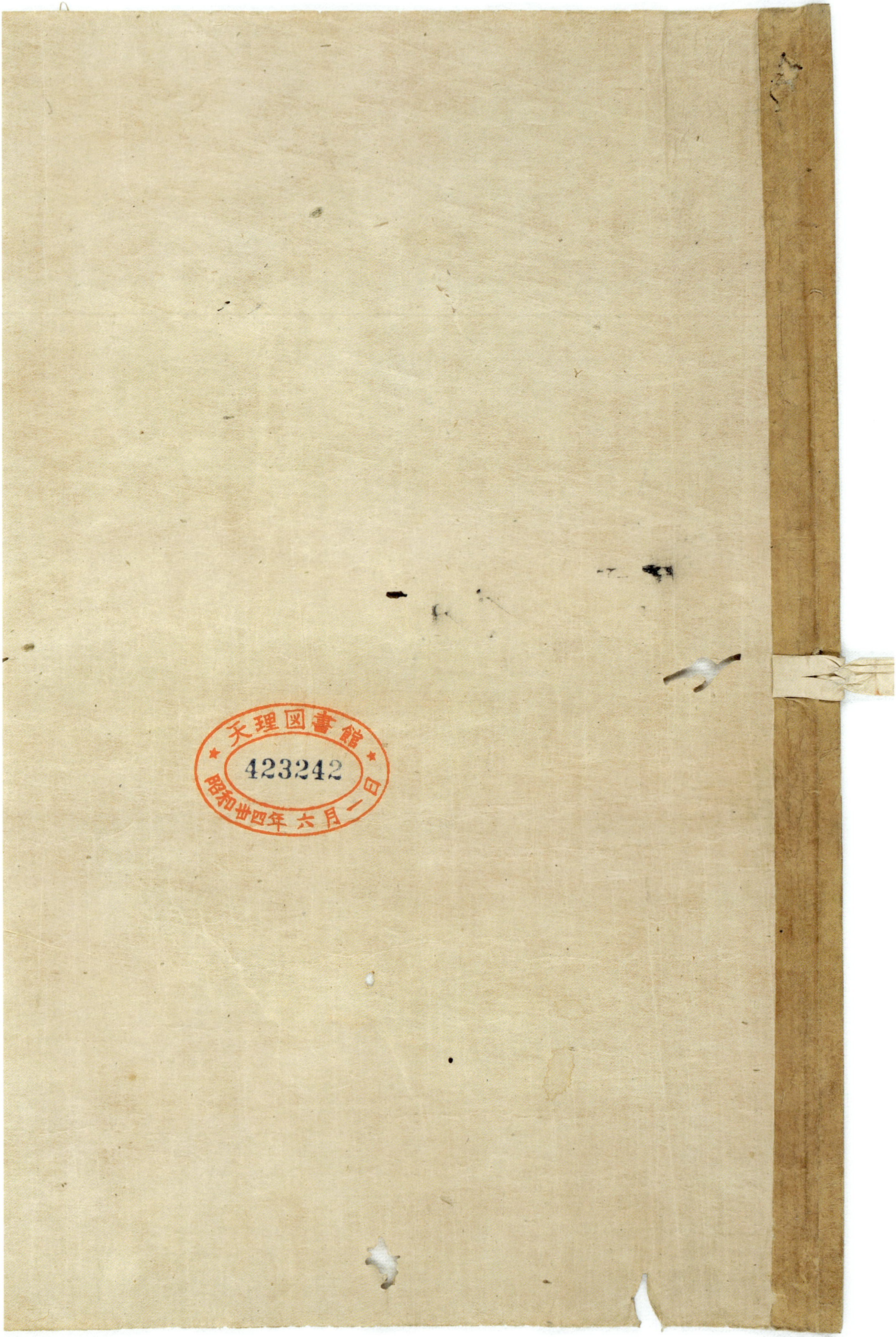
天理図書館
423242
昭和卅四年六月一日

古語拾遺一巻 并序　從五位下齋部宿祢廣成撰
蓋聞上古之世未有文字貴賤老少口々相
傳前言往行存而不忘書契以来不好談古
浮華競興還嗤舊老遂使人歴世而彌新
事逐代而變改顧問故實靡識根源國史家
牒雖載其由略一二委曲猶有所遺愚臣不

牒雖載其由一二委曲猶有所遺

言恐絶無傳幸蒙召問欲攄蓄憤故録舊説

敢以上聞云尒

一聞夫開闢之初伊奘諾伊奘冊二神共爲夫

婦生大八洲国及山川草木次生日神月神最

後生素戔嗚神而素戔嗚神常以哭泣爲

行故令人民夭折青山変枯因斯父母二神勅

曰汝甚無道宜早退去於根国矣又天地剖

裏1
(62)

日汝吾無道宜早退去於根國矣又天地剖
判之初天中所生之神名曰天御中主神次高
皇産神 古語多賀美武須比 是皇親神留伎命 次神産霊神 是皇親神留彌
命此神子天兒屋命 中臣朝臣祖 其高皇産霊神所生之女名曰栲
幡千千姫命 天祖天津彦尊之母也 其男名曰天忍日命
蔵官物乃令阿知使主与百済博士王仁記其出

（錯簡あり、第10紙に続く）

(2)

朝三韓貢献奕世無絶斎蔵之傍更建内蔵分

大伴宿祢祖也天男名曰天太玉命斎部宿祢祖也太玉命所率

神名曰天日鷲命阿波国忌部等祖手置帆負命讃岐国忌部祖

也彦狭知命紀伊国忌部祖也櫛明玉命出雲国玉作祖也天目一

箇命筑紫伊勢両国忌部祖也於是素戔嗚神奉辞日神

天照大神昇天之時櫛明玉命奉迎献以瑞八坂瓊

之曲玉素戔嗚神受之転奉日神仍共約誓

即感其玉生天祖吾勝尊是以天照大神育吾

即感其玉生天祖吾勝尊是以天照大神育吾勝尊特甚鍾愛常懐腋下稱曰腋子（今俗号稚子謂和可）是其轉語也其後素戔嗚神奉爲日神行甚無状種々凌侮所謂毀畔（古語阿波那知）埋溝（古語美曾宇美）放樋（古語斐波那知）重播（古語志伎麻伎）刺串（古語久志佐志）生剥逆剥屎戸如此天罪者素戔嗚神當日神耕種之節竊往其田刺串相爭重播種子毀畔埋溝放樋當新嘗之日以屎塗戸當織室之時逆剥生駒以投室内此天罪者今中臣祓詞也（已上天罪）蠶織之源起於神代也于時

此天罪者今中臣祓詞也蚕織之源起於神代也于時
天照大神赫怒入于天石窟閉磐戸而幽居
焉爾乃六合常闇晝夜不分群神愁迷手足
罔措凡厥庶事燎燭而辨高皇産霊神会
八十万神於天八湍河原議奉謝之方爰思兼
神深思遠慮議曰宜令太玉神率諸部神造
和幣仍令石凝姥神（天糠戸命之子作鏡遠祖也）取天香山銅
以鋳日像之鏡令長白羽神（伊勢国麻続祖今俗衣

舊事本紀曰
令津咋見神ノ
種殖穀木綿ヲ
作白和幣ヲ
令麻績忌部祖
天日鷲神造之
木綿者

以鑄日像之鏡令長白羽神伊勢国麻續祖今俗衣服謂之白羽此緣也種
麻以爲青和幣古語尓伎弖令天日鷲神以木綿津
咋見神穀木種殖之以作白和幣是木綿也已上二物一夜蕃茂也
令天羽槌雄神倭文遠祖也織文布令天棚機姫神
織神衣所謂和衣古語尓伎多倍令櫛明玉神作八坂瓊
五百箇御統玉令手置帆負彦狹知二神以
天御量大小斤雜器等之名伐大峡小峡之材而造瑞殿

古事記
……

天御量（大小斎宮之名）伐大峡小峡之材而造瑞殿
（古語美豆能美阿良可）兼作御笠及矛盾令天目一箇神作
雑刀斧及鉄鐸（古語佐那伎）其物既備掘天香山之
五百箇真賢木（古語佐禰居自能禰居自）而上枝懸玉中
枝懸鏡下枝懸青和幣（古語爾伎弖）白和幣令太玉命
捧持稱讃亦令天児屋命相副祈祷又令
天鈿女命（古語天乃於須女其神強悍猛固故以為名今俗強女謂之於須志此縁也）以真辟
葛為鬘以蘿葛為手繦（蘿葛者比可気）以竹葉

葛爲鬘以蘿葛爲手繦（蘿葛者比可氣）以竹葉飫
憩木葉爲手草（今多久佐）手持着鐸之矛而於
石窟戸前覆誓槽（古語宇氣布祢約誓之意）擧庭燎巧
作俳優相與歌舞於是従思兼神議令石凝
姥神鑄日像之鏡初度所鑄少不合意（是紀伊國日前
神也）次度所鑄其状美麗（是伊勢大神也）儲備既畢具如
所謀爾乃太玉命以廣厚稱詞啓曰吾之所捧

所謂今乃太玉命以廣厚稱詞啓曰吾之所捧
寶鏡明麗恰如汝命乞開戸而御覽焉仍太
玉命天兒屋命共致其祈禱焉于時天照大神
中心獨謂比吾幽居天下悉闇群神何由如此
之歌樂聊開戸而窺之爰令天手力雄神引啓
其扉遷坐新殿則天兒屋命太玉命以日御綱
今斷利久迷繩是 廻懸其殿令大宮賣神侍於御
日影之像也
前 是太玉命久奢備所生神如今世内侍

太玉命子

前（是太玉命久志備所生神、於今世内侍善言美詞、和君臣間、令宸襟悦懌也）令豊磐間戸
命櫛磐間戸命二神守衛殿門（是並太玉命之子也）當此之
時上天初晴衆倶相見面皆明白伸手歌舞相
與稱曰阿波禮（言天晴也）阿那於茂志呂（古語事之甚切皆稱阿那言衆
面明白也）阿那多能志（言伸手而舞今指樂事謂之多能志此意也）阿那佐夜
憩（竹葉之聲也）飫憩（木名也振其葉之調也）尒乃二神倶請曰勿復
還幸仍帰罪過於素戔嗚神而科之以千

逮幸仍歸罪過於素戔嗚神而科之以千
座置戸令拔首髮及手足爪以贖之仍解除
其罪逐降焉素戔烏神自天而降到於
爲秦漢二氏及百濟人氏等之主 蓋与斎部共一預

（錯簡あり、第3紙に続く）

三日宮殿以賜斎部氏人命以小刀其四日居寸以
出雲國簸之川上以天十握劔 其名天羽斬今在石上神宮古語
大虵謂之羽 言斬虵也 斬八岐大虵其尾中得一霊劔其
名天叢雲 大虵之上常有雲氣故以爲名倭武尊 東征之年到相摸國遇野火難即以此

蒼生者黔首也
畜産謂治馬牛
等病其方散在
諸書烏獣之災
如鵄鳴様厭
及野狐蠱惑等
類昆虫之災
註曰昆明也明蟲
得陽而生得陰而
藏…其…蟄

名天叢雲　東征之年到相摸国遇野火難即以此
劒薙草得免　更名草薙劒也　乃献上於天神也　然後素戔鳴神
娶国神女生大己貴神　古語於保那武智神　遂就於根国
矣　大己貴神　一名大物主神　一名大国主神　一名大国魂神者　大和国城上郡大三輪是神也　与少
彦名神　高皇産霊尊之子　遁常世国也　共戮力一心経営天下為
蒼生畜産定療病之方　又為攘鳥獣昆虫
之災定禁厭之法　百姓至今咸蒙恩頼　皆
有効験也　天祖吾勝尊納高皇産霊神之女

訓曰昆明也明皎
得陽而生稱陽而
成者也其文如蝗
蝶之苗又及鼻
螢人等類也

有効験也天祖吾勝尊納高皇産霊神之女
栲幡千千姫命生天津彦尊号曰皇孫命　天照大神高皇
産霊神二神之孫
故曰皇孫　既而天照大神高皇産霊尊
養皇孫欲降為豊葦原中国主仍遣経津主
神　是磐筒女神之子今下総国香取神是也　武甕槌神　是甕速日神之子今常陸国鹿嶋神是也
駈除平定於是大己貴神及其子事代主神並皆奉
避仍以平国矛授二神曰吾以此矛卒有治功天

遂仍以平国矛授二神曰吾以此矛卒有治功天
孫若用此矛治国者必當平安今我將隠去
矣辭訖遂隠於是二神誅伏諸不順鬼神等果
以復命于時天祖天照大神高皇産霊尊乃相
語曰夫葦原瑞穂国者吾子孫可王之地皇孫
就而治焉寶祚之隆當与天壤无窮矣即以
八咫鏡及薙草剣二種神寶授賜皇孫永爲天
璽所謂神璽剣鏡是也矛玉自從即勅曰吾兒視此寶鏡當

八咫　訓八阿多

璽所謂神璽剣鏡是也　矛玉自從即勅曰吾兒視此寶鏡當
猶視吾與同床共殿以為齋鏡仍以天兒屋命
太玉命天鈿女命使配侍焉因又勅曰吾則起
樹天津神籬　神籬者古語比茂侶伎　及天津磐境當為吾孫
奉齋矣汝天兒屋命太玉命二神宜持天津神籬
降於葦原中國亦為吾孫奉齋焉惟爾二神共
侍殿内能為防護宜以吾高天原所御齋庭之穗

侍殿内能爲防護宜以吾高天原所御斎庭之穂
是稲種也又當御於吾兒矣宜太玉命率諸部神供奉
其職如天上儀仍令諸神亦與陪從復勅大物主神
宜領八十万神永爲皇孫奉護仍使大伴遠
祖天忍日命帥來目部遠祖天槵津大來目帶仗前駈既而且
降之間先驅還白有一神居天八達之衢其鼻
長七咫背長七尺口尻明耀眼如八咫鏡即遣
從神往問其名八十万神皆不能相見於是天鈿

従神往問其名八十万神皆不能相見於是天鈿
女命奉勅而往乃露其胸乳抑下裳帶於臍
下而向立咲噱是時衢神問曰汝何故為然耶天
鈿女命反問曰天孫所幸之路居之者誰也衢神對
曰聞天孫應降故奉迎相待吾名是挟田彦大
神時天鈿女命復問曰汝應先行将吾應先行
耶對曰吾先啓行天鈿女復問曰汝應到何處将天

耶對曰吾先啓行天鈿女復問曰汝應到何處將天
孫應到何處耶對曰天孫當到筑紫日向高千穗
櫛觸之峯吾應到伊勢之狹長田五十鈴川上因
曰發顯吾者汝也可送吾而致之矣天鈿女命還
報天孫降臨果皆如期天鈿女命隨乞侍送焉天鈿
女命者是猿女君遠祖以所顯名為氏姓
今彼男女皆号為猿女君此緣也　是以群神奉勅
陪從天孫歷世相承各供其職天祖彦火尊娉海
神之女豊玉姫命生彦瀲尊誕育之日海濱立室

日本紀云日臣命有嚮導之功以改汝名為道臣

神之女豊玉姫命生彦瀲尊誕育之日海濱立室
于時掃守連遠祖天忍人命供奉陪侍作箒掃
蟹仍掌鋪設遂以為職号曰蟹守（今俗謂之借守者彼詞之轉也）
逮于神武天皇東征之年大伴氏遠祖日臣命督将
元戎剪除兇渠佐命之勲無有比肩物部氏遠
祖饒速日命殺虜帥衆帰順官軍忠誠之効
殊蒙褒寵大和氏遠祖椎根津彦者迎引皇舟

殄蒙虜之前大和氏遠祖椎根津彦者迎引皇舟
表績香山之巓賀茂県主遠祖八咫烏者奉導
宸駕顕瑞菟田之径妖気既晴無復風塵建都
橿原経営帝宅仍令天富命太玉命之孫率手置帆負
彦狭知二神之孫以斎斧斎鉏始採山材構立正
殿所謂底都磐根宮柱布都之利立高天乃原尓搏風
千木市
高之利皇孫命乃美豆乃御殿乎造奉仕也故
其裔今在紀伊国名草郡御木麁香二郷古語

其裔今在紀伊国名草郡御木麁香二郷（古語正殿謂之麁香）採材斎部所居謂之御木造殿斎部所居謂之麁香是其証也又令天富命率斎部諸氏作種々神宝鏡玉矛盾木綿麻等櫛明玉命之孫造御祈玉（古語美保伎玉言祈祷也）其裔今在出雲国毎年与調物共進其玉天日鷲命之孫造木綿及麻并織布（古語阿良多倍）仍令天富命率

殖穀麻種

造紵麻等幣　良字信　仍令天富命率
日鷲命之孫求肥饒地遣阿波国殖穀麻種
其裔今在彼国当大嘗之年貢木綿麻布及
種種物所以郡名為麻殖之縁也天富命更
求沃壌分阿波斎部率往東土播殖麻穀好麻
所生故謂之総国穀木所生故謂之結城郡　古語麻謂
之総今為上総下総二国是也　阿波忌部所居便名安房郡　今安房国是也
安房国安房社為太玉命也
天富命即於其地立太玉命社今謂之安房社

安房社為太玉命事

天富命即於其地立太玉命社今謂之安房社故
其神戸有斎部氏又手置帆負命之孫造矛竿其
裔今分在讃岐国毎年調庸之外貢八百竿是其
事等證也爰仰従皇天二祖之詔建樹神籬所
謂高皇産霊神産霊魂留産霊生産霊足産霊大
宮売神事代主神御膳神（已上今御巫所奉斎也）櫛磐間戸神
豊磐間戸神（已上今御門巫所奉斎）生嶋（是大八洲之霊今生嶋巫所奉斎）坐摩

鏡剣奉安正殿事

豊磐間戸神〔巫所奉斎〕生嶋〔生嶋巫所奉斎〕坐摩
〔是大宮地之霊今坐摩巫所奉斎也〕日臣命帥来目部衛護宮門
掌其開闔饒速日命帥内物部造備矛盾
其物既備天富命率諸斎部捧持天璽鏡剣
奉安正殿并懸瓊玉陳其幣物殿祭祝詞〔其祝
詞文在於別巻〕次祭宮門〔其祝詞亦在於別巻〕然後物部乃立矛盾
大伴来目建仗開門令朝四方之国以観天位之
貴当此之時帝之与神其際未遠同殿共床以

當此之時帝之与神其際未遠同殿共床以
此爲常故神物官物亦未分別宮内立藏号齋藏
令齋部氏永任其職又令天富命率供作諸氏造
作大幣訖令天種子〈天兒屋命之孫〉解除天罪國罪事所謂
天罪者上既說訖國罪者國中人民所犯之罪其
事具在中臣禊詞乃立靈畤於鳥見山中天富
命陳幣祝詞禋祀皇天徧秩群望以荅神祇之恩

令陳幣祝詞祭祀皇天徧祈群望以答神祇之恩
焉是以中臣斎部二氏倶掌祠祀之職猨女君氏
供神楽之事自余諸氏各有其職也至于磯城瑞垣朝（崇神天皇）
漸畏神威同殿不安故更令斎部氏率石凝
姥神裔天目一神裔二氏更鋳鏡造剣以為護御
璽是今践祚之日所献神璽鏡剣也仍就於倭
笠縫邑殊立磯城神籬奉遷天照大神及草薙剣
令皇女豊鍬入姫命奉斎焉其遷祭之夕宮人皆

令皇女豊鍬入姫命奉斎焉其遷祭之夕宮人皆
參終夜宴樂歌曰美夜比登能於保与須我
良尓伊佐登保志由伎能与呂志茂於保与須
我良尓　今俗哥曰美夜比止乃於保与曽許呂茂比佐止保志由伎乃与呂志茂於保与曽
許呂茂　詞之轉也　又六年祭八十万群神仍定天社國社
及神地神戸始令貢男弭之調女手末之調
用熊皮鹿皮角布等祭神祇本縁事
今神祇之祭用熊皮鹿皮角布等此縁之由也

令神祇之祭用熊鹿皮角布等此縁也追字
巻向（垂仁天皇）玉城朝令皇女倭姫命奉斎天照大神
仍随（天皇第二皇女 母皇后扶穂姫）神教立其祠於伊勢国五十鈴
川上因興斎宮令倭姫命居焉始在天上預結
幽契衢神先降深有以矣此御世始以弓矢
（以弓矢刀祭神祇事）
刀祭神祇更定神地神戸又新羅王子海檜槍
来帰今在但馬国出石郡為大社也至於纏向（景行天皇）
日代朝令日本武命征討東夷仍枉道詣伊勢

日代朝令日本武命征討東夷仍枉道詣伊勢
神宮辞見倭姫命以草薙剣授日本武命而
教曰慎莫怠也日本武命既平東虜還至尾張
国納宮簀媛淹留踰月解剣置宅徒行登膽
吹山中毒而薨其草薙剣今在尾張国熱田
社未叙礼典也至於磐余稚櫻朝住吉大神顕
矣征伐新羅三韓始朝百済国王懇致其誠

矣征伐新羅三韓初朝百濟國王懇致其誠
終無欺貳也於輕嶋豐明朝百濟王貢博士王（應神天皇）
仁是河内文首始祖也秦公祖弓月率百廿縣民
而歸化矣漢直祖阿知使主率十七縣民夫來
朝焉秦漢百濟内附之民各以萬計足可褒
賞皆有其祠未預幣例也至於後磐余稚櫻（履中天皇）
朝三韓貢獻奕世無絶齋藏之傍更建内藏分
大伴宿
又男名曰天太玉命　斎部宿
天太玉命

幡千千姫命　事之然也　其男君曰天忍日命

収官物仍令阿知使主与百済博士王仁記其出
納始更定蔵部至於長谷朝倉朝秦氏分散寄
隷他族秦酒公進仕蒙寵詔聚秦氏賜於酒公
仍率領百八十種勝部蚕織貢調充積庭中因
賜姓宇豆麻佐　言随積埋益也所貢絹綿軟於肌膚
故訓秦字謂之波陀仍以秦氏所貢
絹纏祭神劔首今俗猶然
所謂秦機根源之縁也　自此而後諸国貢調年

所謂秦根源之縁也

自此而後諸國貢調年

〻盈溢更立大藏令蘇我麻智宿祢檢校三藏

齋藏内藏大藏秦氏出納其物東西文氏勘録其簿是

以漢氏賜姓爲内藏大藏今秦漢二氏爲内藏

大藏主鎰藏部之縁也至於小治田朝（推古天皇）太玉之胤不

絶如帶天恩遇廢繼絶供其職至于難波長柄

豊前朝（孝徳天皇）白鳳四年以小花下諱部首作賀斯

拜神官頭令掌叙王族宮内礼儀婚姻

作神官頒伯也令宰叙王族宮内礼儀婚姻
卜筮兼事夏冬二季御卜之式始起此時作賀断
之胤不能継其職陵遅衰微以至今至于浄御
原朝改天下万姓而分為八等唯序當年之労
不本天降之績其二日朝臣以賜中臣氏命以大刀
三日宿祢以賜斎部氏命以小刀其四日忌寸以
出雲国簸之川上以天十握剣
其名天羽斬今

（錯簡あり、第13紙に続く）

其所遷陪隨素戔烏神自天而降到於

爲秦漢二氏及百濟文氏等之姓　蓋與齋部共預齋藏事因以爲
姓也今東西文氏獻祓大刀蓋亦此之縁　至大寶年中初有記文神祇　文武天皇
之簿猶無明案望秩之禮未制其式至天平
年中勘造神帳中臣專權任意取捨有由者
小祀皆列無縁者大社猶廢敷奏施行當時
獨歩諸社封税總入一門起自天降洎乎東征
扈從群神名顯國史或蒙皇天之嚴命爲寶

軍防令云
凱樂也
軍歸之時
獻功之樂也

宜從群神名題因火或承皇天之嚴命爲寶
基之鎭衛或遇昌運之洪啓助神器之大造然
則至於録功酬庸須應同預祀典或未入班幣
之例猶懐介推之恨況復草薙神劒者尤是
天璽自日本武尊凱旋之年留在尾張埶田社
外賊偸逃不能出境神物靈驗以此可觀然則
奉幣之日可同致敬而久代闕如不脩其禮所遺

奉幣之日可同殿祭而久代闕如不預其祀所遺
一也夫尊祖敬宗礼教所先故聖皇登極受
終文祖類于上帝禋于六宗望于山川徧于群神
然則天照大神者惟祖惟宗尊無二自餘諸神
者乃子乃臣孰能敢抗而今神祇官班幣之日
諸神之後叙伊勢神宮所遺二也天照大神本与
帝同殿故供奉之儀君神一体始自天上中臣斎
部二氏相副奉日神猿女之祖亦倶

部二氏相副奉斎日神猨女之祖亦預神祭然則
三氏之職不可相離而今伊勢宮司獨任中臣氏
不預二氏所遺三也凡奉造神殿者皆須依神
代之職斎部官率御木麁香二御斎部伐以斎
斧堀以斎鉏然後工夫下手造畢之後斎部殿祭
及門祭訖乃所御坐而造伊勢宮及大嘗由紀
主基宮皆不預斎部所遺四也天殿祭門祭者元

勢宮皆不預斎部所遺四也又殿祭門祭者元
太玉命供奉之儀斎部氏之所職也雖然中臣斎部
共任神祇官相副供奉故宮内省奏詞偁将供
奉御殿祭而中臣斎部候御門至于宝亀年
中初宮内少輔従五位下中臣朝臣常恣改奏詞云
中臣率斎部候御門者彼省因循永為彼例
于今未改所遺五也又肇自神代中臣斎部供
奉神事無有差降中間以来権移一氏斎官

奉神事無有差降中間以来推移一氏斎宮
寮主神司中臣斎部者元同七位官而延暦初
朝原内親王奉斎之日殊降斎部為八位官于
今未復所遺六也凡奉幣諸神者中臣斎部共
預其事而今大宰主神司獨任中臣不預斎部
所遺七也諸國大社亦任中臣不預斎部所遺八也
凡鎮魂之儀者天鈿女命之遺跡然則御巫之職

御巫事

凡鎮魂之儀者天鈿女命之遺跡然則御巫之職應任舊氏而今所選不論他氏所遺九也

凡造大幣者亦須依神代之職齋部之官率供作諸氏准例造備然則神祇官神部可有中臣齋部猨女鏡作玉作盾作神服倭文麻續等氏而今唯有中臣齋部等二三氏自餘諸氏不預考選神裔亡散其葉將絶所遺十也

一天勝寳九歳左弁官口宣自今以後伊勢太神宮幣帛使專用中臣勿

宮司宜自今以後伊勢太神宮幣帛使専用中臣勿
差他姓者其事雖不行猶所載官例未刊除所
遺十一也　一昔在神代大地主神營田之日以牛宍
食田人于時御歳神之子至於其田唾饗而
還以状告父御歳神發怒以蝗放其田苗葉忽
枯損似篠竹於是天地主神令巫志止々号肱巫今俗
竈輪及米占也占求其由御歳神爲祟宜獻白猪白馬

米占也
占求其由御歳神為祟宜獻白猪白馬
白鶏以解其怒依教奉謝御歳神答曰實吾
意也宜以麻柄作桛之乃以其葉掃之以天押
草押之以烏扇扇之若如此不出去者宜以
牛宍置溝口作男茎形以加之（是所以厭其心也）以薏子
蜀椒呉桃葉及塩班置其畔（古語以薏玉都須也）仍従其
教苗葉復茂年穀豊稔是今神祇官以白猪白
馬白鶏祭御歳神之縁也

馬白鶏祭御歳神之縁也
前件神代之事説似盤古疑氷之意取信寔
難然我国家神物霊蹤今皆見存觸事有効
不可謂虚但中古尚朴礼楽未明制事垂
法遺漏多矣方今聖運初啓照光輝於八洲
寶暦惟新蔭誘乗被於四海易鄙俗於往代改
弊政於當年随時垂制流万葉之英風興廢

[illegible]宜隨時垂制流萬葉之英風興廢
繼絶補千載之闕典若當此造式之年不制彼
望秩之禮竊恐後之見今猶今之見古矣
愚臣廣成朽邁之齢既逾八十犬馬之戀旦暮彌切
忽然遷化含恨地下街巷之談猶有可取庸夫
之思不易徒棄幸遇求訪之休運深歎口實
之不墜庶斯文之高達被天鑒之曲照焉

之不隠居恵矣之嘉遺補天隠之宜且矣

大同元年二月十三日　（元の右傍に「二」、右傍注「或本无之」）

古語拾遺一巻

一見了

卜部

嘉禄元年二月廿三日以左京権大夫長倫朝臣本書写了

嘉禄元年二月廿三日以右京権大夫長倫朝臣本書写了
男兼氏ゝ保安五年同二月四日雨中見合之訖件本之朱點朝本了
了於本注訓點等訪謹本上下比校之仍　　吏部侍郎在判
与本不違字了

翌日校點了　祠部員外郎在判

此校後本了　同二十六

累祖相伝本新写之墨所被挍閲也
始可見人以此本可為證本也
　　　　　　　　卜部兼直

至徳二年十月三日以家本校合了
内仙藉図書寮兼神祇権大副卜部宿禰兼熈
同三年六月二日一見了
従三位卜部朝臣兼熈
校卜部綱
明徳元年後三月廿三日校合了
侍従卜部朝臣兼敦
拾遺之言者一巻之若也有興事也

ゐ懸ぱい[illegible]敷子や

（継紙1）

為懇以之兼敦子也

兼豊　世事　兼敦朝臣

徳閑家吉也

明徳二年　同年二月十三日

兼敦了

應永三年六月二日以累家之秘説授

侍従卜部兼[illegible]

應永六年[illegible]

[illegible]

應安六年[illegible]校中　二条[illegible]下　良[illegible]

應永二年十二月十四日授大内左京大夫入道義弘了　卜部兼熙

應永四年四月十六日千度御祓之聖護院中以老
校合之畢

神祇大副兼[illegible]卜部[illegible]兼敦

應永五年十月十七日為御祈於千度御祓　吉田社於宝前
中臣一度祓読進之了

卜部兼敦

（継紙2）

中臣一本校合了

卜部兼

康正三年二月十三日一見之訖

正三位行侍従兼神祇大副卜部朝臣兼名

文明元年六月廿七日一見畢

正四位下行侍従兼神祇権大副卜部朝臣兼倶

継目裏書（75）

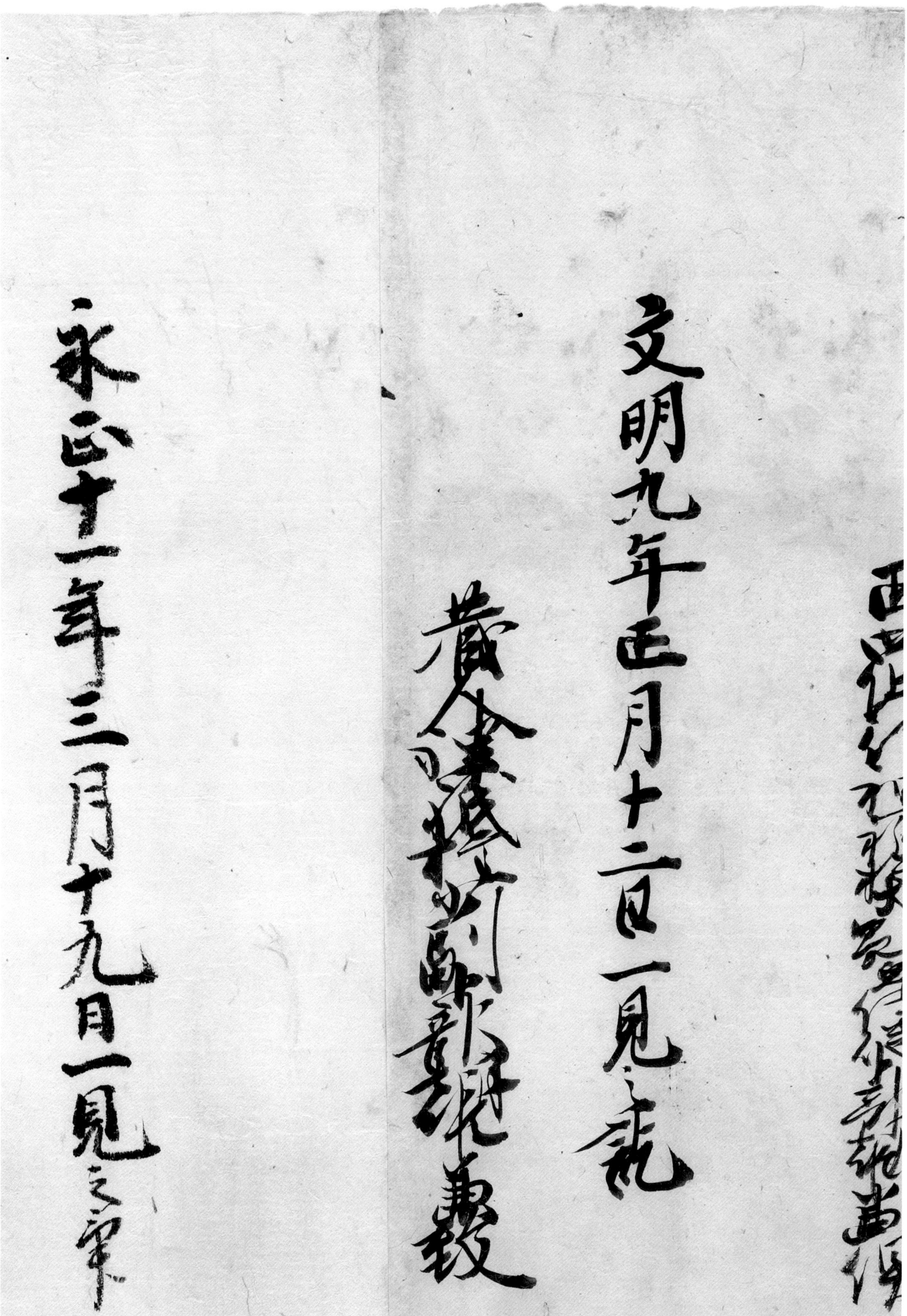
文明九年正月十二日一見訖

永正十一年三月十九日一見之畢

（継紙3）

永正十一年三月十九日一見之畢

神祇少副兼侍従卜部朝臣兼満

享保十八年六月十一日一見訖

享保十八年六月十一日見訖

従三位行侍従卜部朝臣兼雄

嘉永元年九月十三日拝見訖

従三位神祇権大副兼侍従卜部朝臣良芳

裏書

裏１（７）

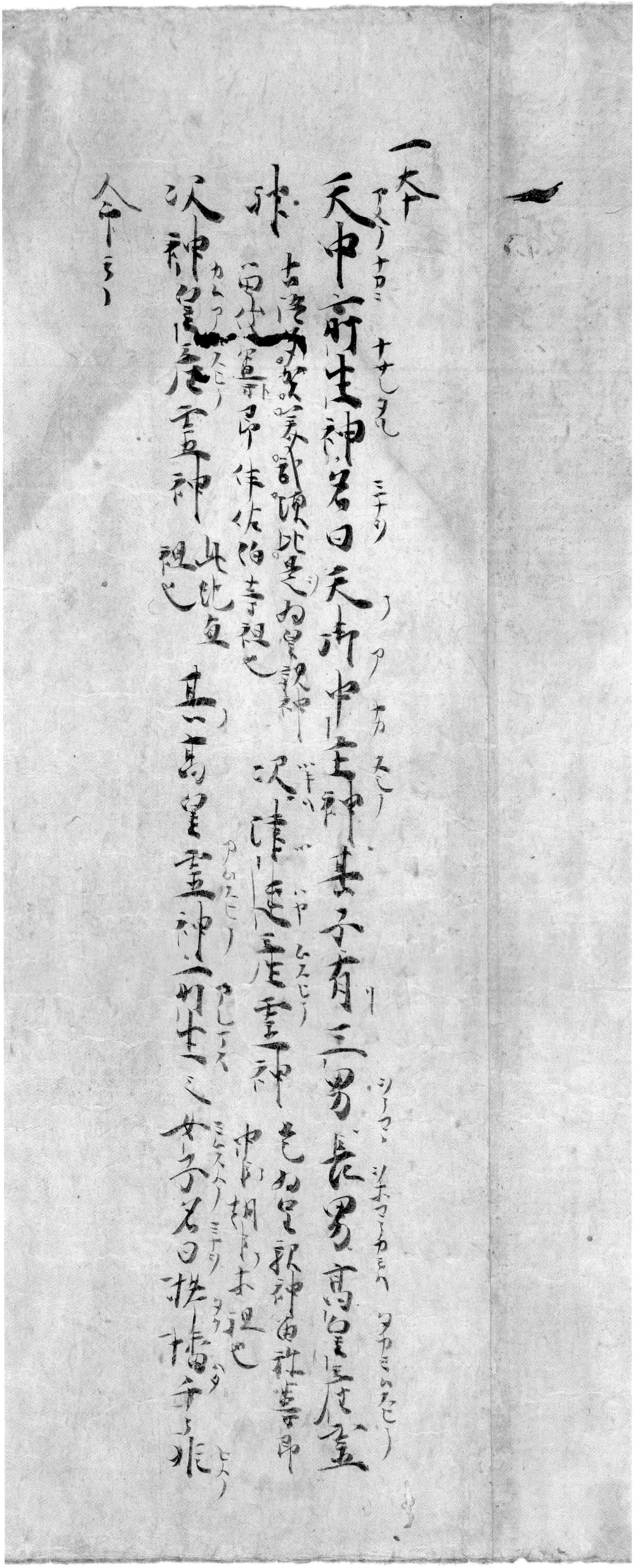
一本
天中所生神名曰天御中主神　其子有三男　長男高皇産霊
神　古語多賀美武須比　[illegible]
次津速産霊神　[illegible]
次神皇産霊神　[illegible]祖也
其一高皇霊神所生之女子名曰栲幡千千姫
命[illegible]

裏２（９）

稚子之縁

裏3（10）

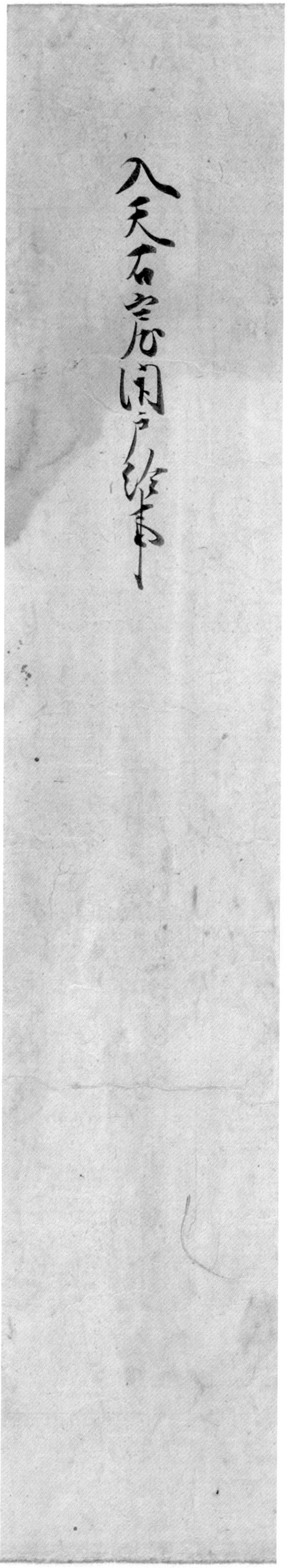

裏4（12）

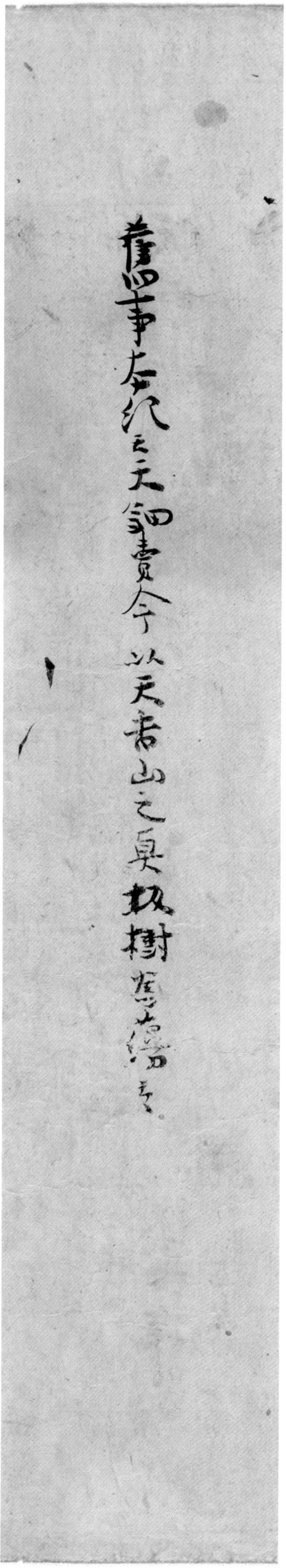

裏5（14）

裏6（15）

裏7（16）

裏8（17）

裏9（19）

裏10（19）

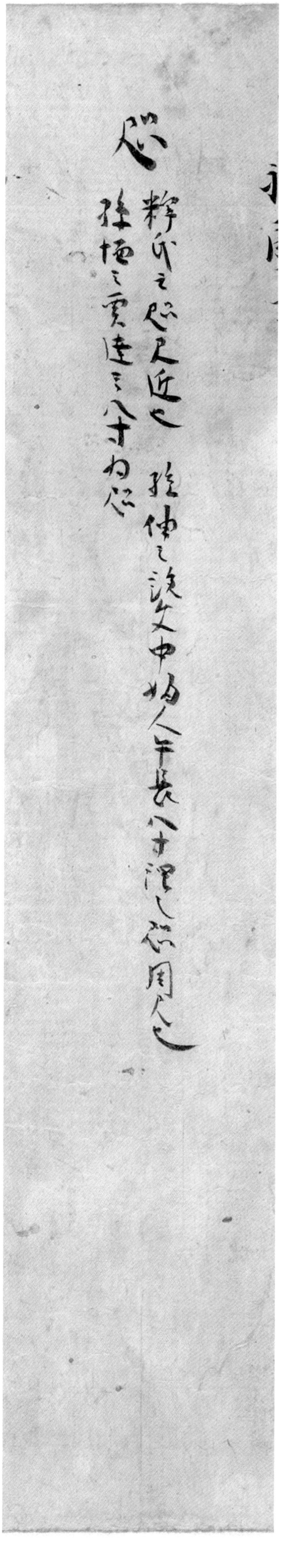

裏11（20）

裏12（20）

裏13（24）

裏14（25）

裏15（25）

裏16（26）

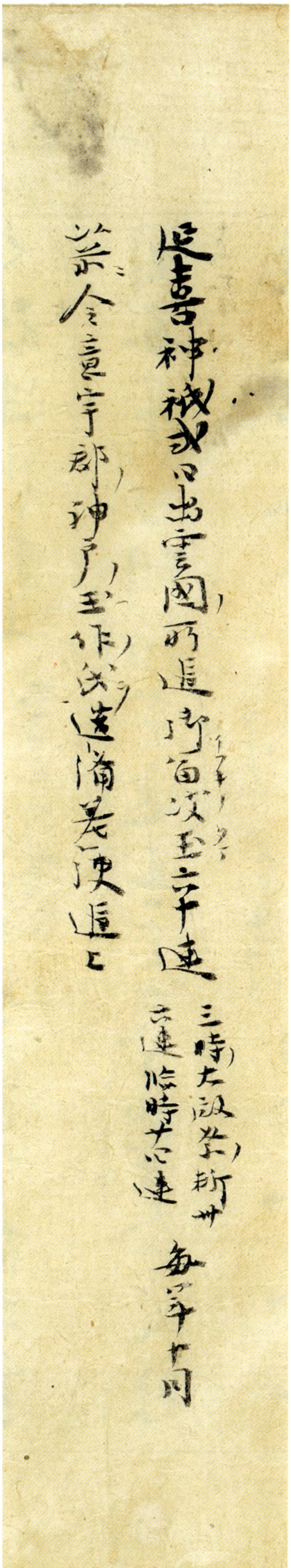

裏17（28）

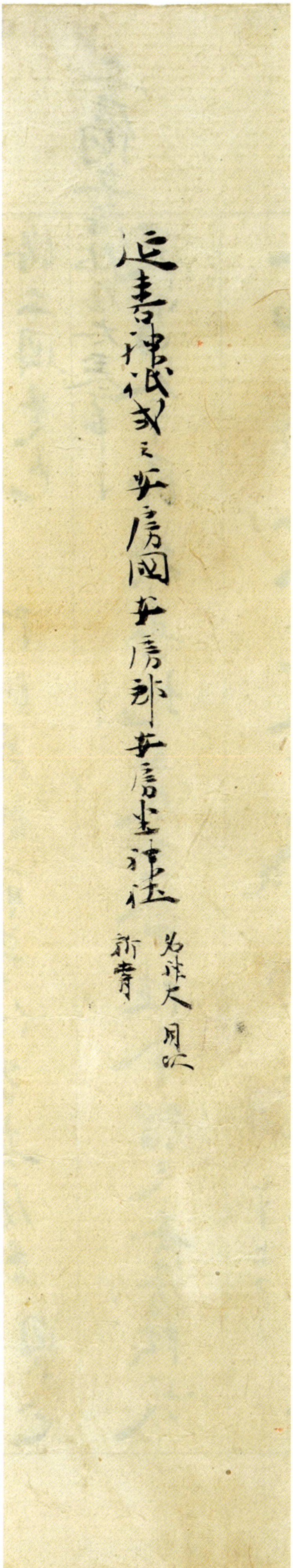

裏18（28）

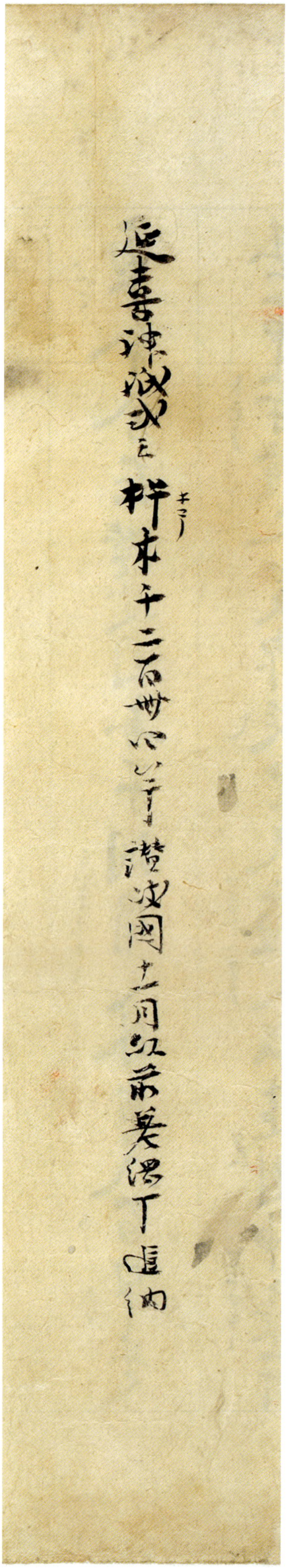

裏19（28）

裏20（29）

裏21（29）

大成事

裏22（31）

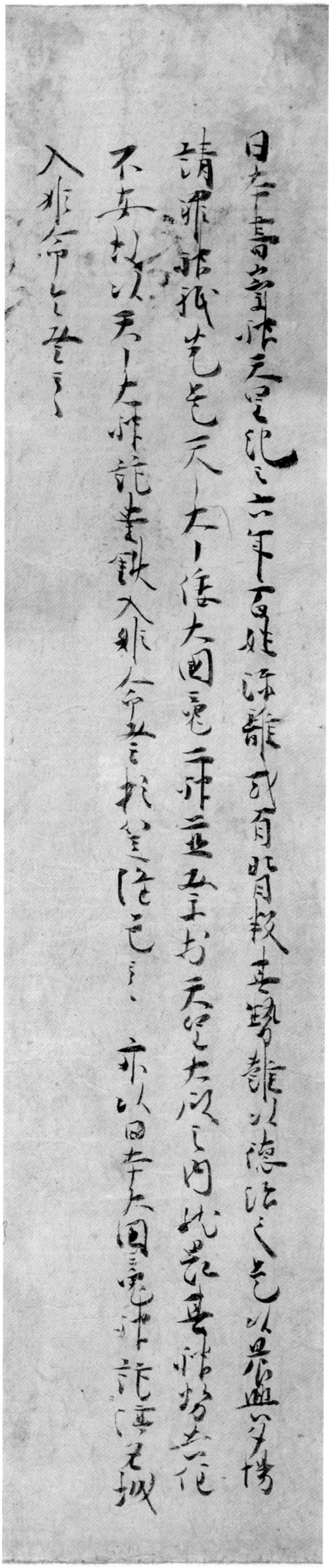
日本書紀崇神天皇紀云六年百姓流離或有背叛其勢難以徳治之以是晨興夕惕
請罪神祇先是天照大神倭大國魂二神並祭於天皇大殿之内然畏其神勢共住
不安故以天照大神託豊鍬入姫命祭於笠縫邑云々　亦以日本大國魂神託渟名城
入姫命云々

裏23（33）

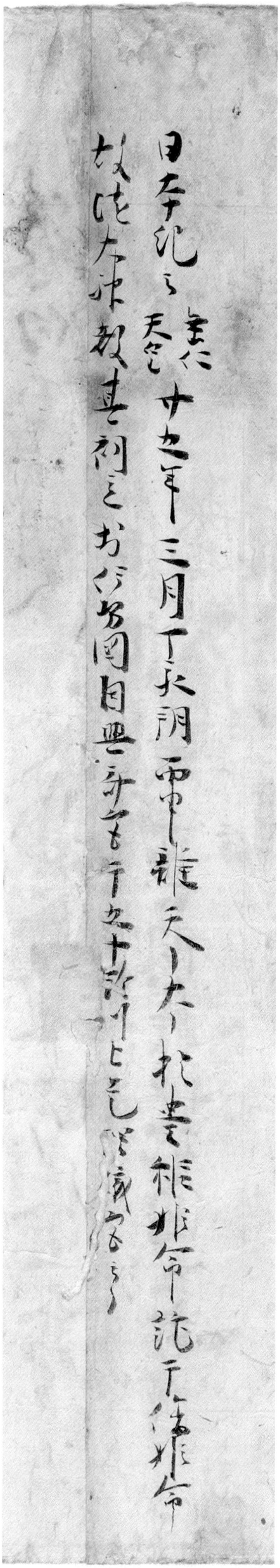
日本紀云垂仁天皇廿五年三月丁亥朔丙申離天照大神於豊耜入姫命託于倭姫命
故随大神教其祠立於伊勢國因興斎宮于五十鈴川上是謂磯宮云々

裏24（33）

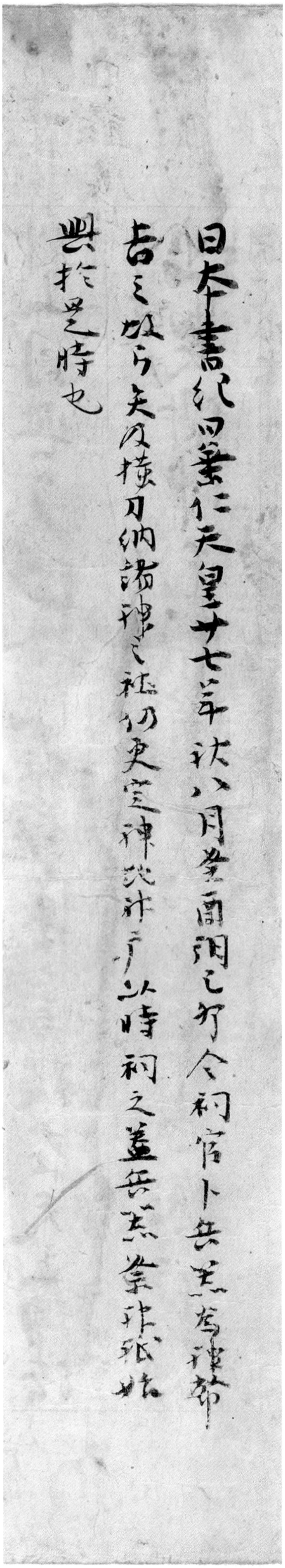

日本書紀曰垂仁天皇廿七年秋八月癸酉朔己卯令祠官卜兵器為神幣
吉之故弓矢及横刀納諸神之社仍更定神地神戸以時祠之蓋兵器祭神祇始
興於是時也

裏25（34）

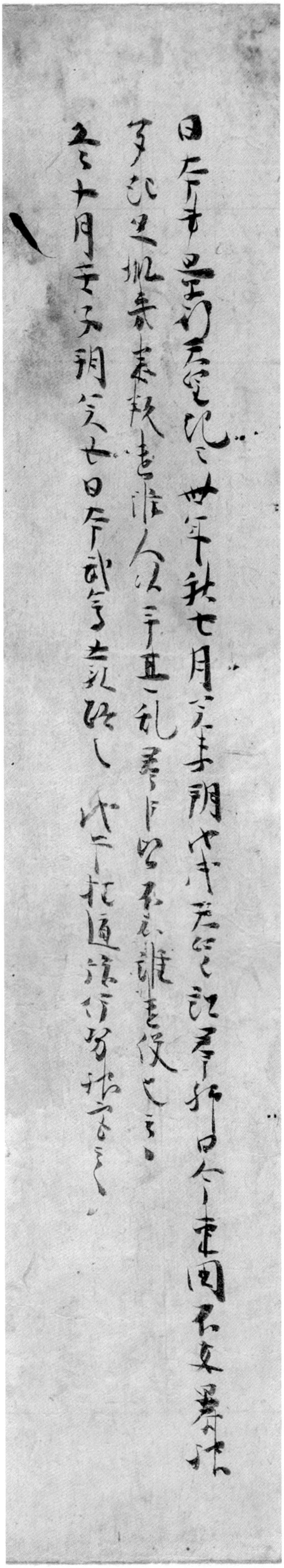

裏26（40）

草薙剱在尾張國熱田社事

裏27（46）

裏28（48）

大同元年七月庚午先是中臣忌部両氏各有相訴
中臣氏云忌部者本造幣帛不申祝詞則不可以忌部
氏為幣帛使忌部氏云奉幣祈祷是忌部之職也然則
以忌部氏為幣帛使以中臣氏可預祓使彼此相論各
有所據是日　勅令據日本書紀天照大神閉磐戸之時
中臣連遠祖天兒屋命忌部遠祖太玉命掘天香山之
五百箇真坂樹而上枝懸八坂瓊之五百箇御統玉中
枝懸八咫鏡青和幣白和幣相與致祈祷者然則至
祈祷事中臣忌部並可相預又神祇令云其祈年月次
祭者中臣宣祝詞忌部班幣帛踐祚之日中臣奏天神
寿詞忌部上神璽鏡剱六月十二月晦日大祓者中臣上御

寿詞忌部上神璽鏡剣六月十二月晦日大祓者中臣上所
祓麻東西文部上祓刀読祓詞訖中臣宣祓詞常祀之
外須向諸社供幣帛者皆取五位以上卜食者充之宜常祀
之外奉幣之使取用両氏必当相半自餘之事専依令
條　見日本後紀第十四

嘉元四年八月廿一日取同類証本以書訓少
（所講習之）
祠部員外郎卜兼夏

延久元年十二月七日得帰之雑行時
下書他處仍餘今一両可令用意
者也
正四位上行神祇大副卜部兼豊

應安第六之暦仲春十一之夕重讀合
従四位下行右京権大夫卜部兼熈

継目裏書（第17紙－継紙第1紙）

継目裏書（継紙第1－2紙）

継目裏書（継紙第2－3紙）

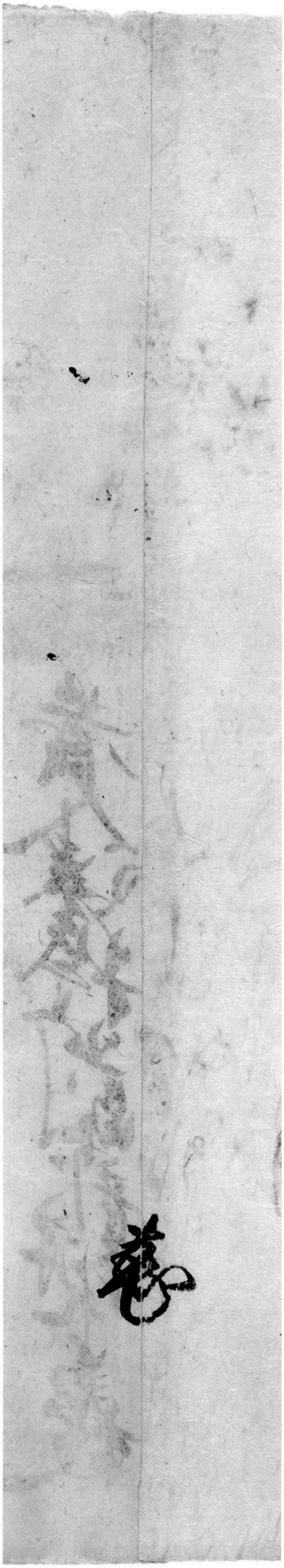

古語拾遺

暦仁本

古語拾遺　暦仁本　表紙

伸手歌舞相與稱阿波礼天晴也阿那於茂志呂古語事之甚切皆稱阿那言衆面明白也阿那多能志言伸手而舞今指樂事謂之多能之此意也阿那佐夜憩竹葉聲也飫憩木名也振其葉之調尒乃二神倶請曰勿復還幸仍歸罪過於素戔烏神而科之以千座置戸令抜抜首髮乃手足之爪以贖之仍解除其罪逐降焉素戔烏神自天而降到於出雲國簸之川上以天十握劔

天而降到於出雲國簸之川上以天十握劔
其名天羽々斬今在石上神宮
古語大蛇謂之羽々言斬也
斬八岐大蛇其尾中得一靈
劔其名天叢雲
大蛇之上常有雲氣故以爲名倭武尊
東征之年到相摸國遇野火難以
此劔薙草得免
更名草薙劔
乃獻上於天神也然後素戔烏
神娶國神女生大己貴神
古語於保那
武智神也
与少彦
名神
高皇産靈尊之
子遁常世郷也
共戮力一心經營天下爲
蒼生畜産定療病之方又爲攘鳥獸昆虫
虫之災定禁厭之法百

虫之灾禁厭之法百姓咸蒙恩頼

皆有効験也天祖吾勝尊納高皇産霊神

之女栲幡千千姫命生天津彦尊號曰皇孫

命天照大神高皇産霊神二神之孫也故曰皇孫也既而天照大神

産霊尊崇養皇孫欲降為豊葦原中

國主仍遣経津主神是磐筒女神之子今下総国香取神是也武甕

槌神是甕速日神之子今常陸国鹿島神是也駈除平定於是大己貴

神及其子事代主神並皆奉避仍以平

神及其子事代主神並皆奉避仍以平
國矛授二神曰吾有以此矛卒有治功天孫
若用此矛治國者必當平安今我將隱去
矣辭訖遂隱於是二神誅伏諸不順鬼神
等果以復命于時天祖天照大神高皇産
靈尊乃相謂曰夫葦原瑞穗國者吾子孫
可王之地皇孫就而治焉寶祚之隆當與
天壤无窮矣即以八咫鏡及草薙劔二種

天壤无窮矣即以八咫鏡及草薙釼二種
神寶授賜皇孫永爲天璽所謂神璽鏡釼矛玉自
從即勅曰吾兒視此寶鏡當猶視吾可與
同床共殿以爲齋鏡仍以天兒屋命太玉
命天佃女命使配侍焉臣又勅曰吾則起
樹天津神籬比茂呂伎者古云及天津磐境當爲
吾孫奉齋矣汝天兒屋命太玉命二神
宜持天津神籬降於葦原中國亦爲

宜持天津神籬降於葦原中國亦爲
吾孫奉齋焉惟爾二神共侍殿内能爲
防宜護以吾高天原所御齋庭之穗
種也
亦尓當御於吾兒矣宜太玉命率諸部
神供奉其職如天上儀仍令諸神亦與陪
從復勅大物主神宜領八十萬神永爲皇
孫奉護焉仍使大伴遠祖天忍日命帥來
目部遠祖天槵津大來目帶仗前驅

目部遠祖天槵津大来目帯仗前駈
且降之間前駈還白有一神居天八達之衢
其鼻長七咫背長七尺餘口尻明耀眼如八咫
鏡即遣從神往問其名八十萬神皆不能
相見於是天鈿女命奉勅而往乃露其胸
乳抑下裳帯於臍下而向立咲噱是時
衢神問曰汝何故爲然耶天鈿女命反問曰
天孫所幸之路居之者誰也衢神對曰聞天

天孫所幸之路居者誰也衢神對曰聞天
孫應降故奉迎相待吾名是猨田彦大
神時天鈿女命復問曰汝應先行將吾應
先行耶對曰吾先啓行天鈿女復問曰汝
應到何處將天孫應到何處耶對曰天
孫當到筑紫日向高千穗槵觸之峯吾
應到伊勢之狹長田五十鈴川上因曰發
顯吾者汝也可送吾而到焉天鈿女命

顯吾者汝也可送吾而到矣天鈿女命
還報天孫降臨果如期天鈿女命隨乞
侍送焉　天鈿女命是猨女君遠祖以所顯神名為氏姓今彼氏男女皆号為猨女君此緣也　是以群
神奉勅陪從天孫歷世相承各供其職天
祖彦火尊娉海神之女豐玉姫命生彦
瀲尊誕育之日海濱立室于時掃守連
祖天忍人命供奉陪侍作箒掃蟹仍掌
鋪設遂以為職号曰蟹守　今俗謂之掃守者彼詞之轉也　逮于神

鋪設遂以爲職號曰蠏守 今俗謂之借守者彼詞轉也 逮二神
武天皇東征之年大伴氏遠祖日臣命督
將元戎剪除兇渠佐命之勳無有比肩
物部氏遠祖饒速日命殺虜帥衆歸
順官軍忠誠之効殊蒙褒寵大和氏遠
祖椎根津彦者迎引皇舟表績香山之
巓賀茂縣主遠祖八咫烏奉導宸駕
顯瑞菟田之逕妖氣既晴無復風塵

顕瑞菟田之徑妖氣既晴無復風塵也
橿原經營帝宅仍命天富命〈太玉命之孫也〉率
手置帆負彦狭知二神之孫以斎斧斎鉏
始採山材構立正殿所謂底都磐根宮
柱布都之利立高天原搏風
高知皇孫命美豆御殿造奉仕也故其裔
今在紀伊國名草郡御木麁香二郷〈古語正殿云麁香〉
謂之採材斎部所居謂之御木造殿斎

謂之麁香採材齋部所居謂之御木造殿齋
部所居謂之麁香是其證也又令天
齋部諸氏作種々神寶鏡玉矛盾木綿
麻等櫛明玉命之孫造御祈玉古語美保伎玉言祈
禱也其裔今在出雲國毎年與調物共貢進
其玉天日鷲命之孫造木綿
布古語阿良多部仍令天富命率天日鷲命之孫
求肥饒地遣阿波國殖穀麻種其裔今

求肥饒地遣阿波國殖穀麻種其裔今
在彼國當大嘗之年貢木綿麻布
種物所以郡名爲麻殖之縁也
求沃壌分阿波忌部率往東土播殖麻
穀好麻所生故謂之総國穀木所生故
之東土播殖麻穀好麻所　文　謂
郡 古語麻謂之総今上総下総二國是也 阿波忌部所居
今安房天富命即於其地立太玉命社今謂

今安房國是也天富命即於其地立太玉命社今謂
之安房社故其神戸有齋部氏又
手置帆負命之孫造矛竿其裔今在
毎年調庸外貢八百竿是其事等
爰仰從皇天二祖之詔建樹神籬所謂
高皇產靈神產靈魂留產靈生產靈
足產靈大宮賣神事代主神御膳
神已上今御巫所奉齋也櫛磐間戸神豐磐間戸神

神已上令御巫所奉齋也櫛磐間戸神豊磐間戸神今

巫所奉齋生嶋是大八洲之霊今生嶋巫所奉齋坐摩是大宮地之霊今坐摩巫所奉齋也日臣

命帥来目部衛護宮門掌其開闔饒

速日命帥内物部造備矛盾其物既

備天富命率諸齋部捧持天璽鏡劔奉安正

殿并懸瓊玉陳其幣物殿祭祝詞其祝

詞文在於別巻次祭宮門其祝詞亦在於別巻矛盾

而作大伴来目建仗開門令

而後大伴来目建仗開門令
國以覲天位之貴當此之時帝之與神其
際未遠同殿共床以此為常故神物官物
亦未分別宮内立藏号曰齋藏
永任其職又令天富命率供作諸氏造大
幣訖命天種子命（天兒屋命之孫）解除天罪國罪事
所謂天罪者上既説國罪者國中人民所犯
二百五十
其事具在中臣禊詞

之衆其事具在中臣禊詞仍
於鳥見山中天富命陳幣祝詞禋祀皇
天偏秩群望以答神祇之恩焉是以中臣
齋部二氏倶掌祠祀之職猨女君
神樂之事自餘諸氏各有其職也至磯城
瑞垣朝漸畏神威同殿不安故更令齋部
氏率石凝姥神裔天目一箇神裔二氏更
鑄鏡造劔以爲護御璽是今踐祚

鑄鏡造劒以爲護身御璽是今踐
日所獻神璽鏡劒也仍就於倭笠縫邑
立磯城神籬奉遷天照大神及草薙
劒令皇女豊鍬入姫命奉齋焉、、
祭之夕宮人皆參終夜宴樂歌曰美夜比於保
須我良尒伊佐登志由伎能与呂志茂於保与須我良尒
今俗歌曰美夜比支乃於保与曽許侶茂比佐支保
志由伎乃与呂志茂於保与曽許呂茂詞之轉
又祭八十万群神仍定
社國社及神地神戸始令貢男弭之

[illegible]
社國社及神地神戸始令貢男弭調
女手末之調今神祇之祭用熊皮鹿皮
角布等此縁也泊于巻向玉城朝令
倭姫命奉齋天照大神仍随神教
於伊勢國五十鈴川上因興齋宮
命居焉如在天上預結幽契衢神先以
有以矣此御世始以弓矢刀祭神祇更定
地神戸又新羅王子海檜槍来歸

祀神戸又新羅王子海檜槍來歸
但馬國出石郡爲大社也至於纏向日代朝（景行天皇）
令日本武命征討東夷仍在道詣伊
神宮辭見倭姬命草薙劒授日本武
而教曰愼莫怠也日本武命既平東虜
還尾張國納宮簀媛淹留踰月解劒置
宅徒行登膽吹山中毒而薨其草薙
今在尾張國熱田社未叙禮典也至

今在尾張國熱田社未預礼典也至於
稚櫻朝住吉大神顯矣征伐新羅三朝韓
（大和國十市郡）
始朝百濟國王懇致其誠終無欺貳也
至於輕嶋豐明朝百濟王貢博士王仁是河
（應神天皇　大和國高市郡）
内文首始祖也秦公祖弓月率百廿縣民
而歸化矣漢直祖阿知使主率十七縣民而
（内附）
來朝焉秦漢百濟之民各爲以万計足可
褒賞皆有其祠未預幣例也至於後

褒賞皆有其祠未預幣例也至於後
磐余稚櫻朝三韓貢獻并世無絶斎蔵
履中天皇　大和十市郡
之傍更建内蔵分收官物仍令阿知使主与
百済博士王仁記其出納始更定蔵部至於
雄略天皇　大和国城上郡
長谷朝倉朝秦氏分散寄隷他族秦
酒公進仕蒙寵詔聚秦氏賜於酒公仍
率領百八十種勝部蚕織貢調充積庭
中因賜姓曰宇豆麻佐　言随積埋益也所貢絹綿軟於肌

中因賜姓曰宇豆麻佐言随積埋益也所貢絹綿軟於肌膚故訓秦字謂之波陀仍以秦
氏所貢絹纒祭神釼首今俗猶然所謂秦機織之縁也
自此而後諸國貢調年々
盈溢更立大蔵令蘇我麻智宿祢検校三
蔵斎蔵内蔵大蔵秦氏出納其物東西文氏勘録其
簿是以漢氏賜姓為内蔵大蔵今秦漢二氏
為内蔵大蔵主鑰蔵部之縁也至於小治田或小墾田
朝大和國高市郡太臣之胤不絶如帯天息興廃継絶供
其職至于難波長柄豊前朝白鳳四年

大和国高市郡

其職。至于難波長柄豊前朝白鳳四年、以八十花下諱斎部首作賀斯、拝神官頭。今神祇伯是也。令掌叙王族宮内礼儀婚姻卜筮。夏冬二季御卜之式、始起此時。作賀斯之胤、不能継職、陵遅衰微、以至于今。至于

天皇　大和国高市郡

浄御原朝、改天下百姓、而分為八等。唯序当年之労、不本天降之績。其二曰朝臣、以賜中臣氏、命以大刀。其三曰宿祢、以賜斎部氏、命以小

臣氏命以大刀其三宿祢以賜倉部氏代
以小刀其四曰尽才以奴秦漢二氏及百濟文
氏等之姓蓋与斉部共預斎蔵事因以為姓也今東西文氏之献枚大刀蓋亦此之縁也至大宝文武天皇
年初有記文神祇之簿猶無明案望
之禮未制其式至天平中勘造神帳
臣専權任意取捨有由者小祀皆列無
者大社猶廢敷奏施行當時得。乎諸
封税攙入一門起自天降泊乎東征扈従之群

尉祇揔入门起自天降泊乎東征扈従群
神名顕國史或蒙天之嚴命爰寶
之鎮衛或遇昌運之洪啓助神器之大
然則至於録功酬庸須應同預祀典或
入班幣之例猶懐介推之恨況復草
神剱者尤是天璽自日本武尊凱旋
年留在尾張國熱田社外賊偸逃不能
境神物霊驗以此可觀然則奉幣之日可

坂神掬靈驗以此可觀然則奉幣之日可
同致敬而久代闕如不修其祀所遺一也夫
尊祖敬宗禮教所先故聖皇登極受終
文祖類于上帝禋于六宗望于山川偏于
群神然則天照大神者惟祖宗尊無與二
自餘諸神者乃子乃臣孰能敢抗而今
神祇官班幣之日諸神之後敘伊勢神
所遺二也天照大神與帝同殿故供奉之

所遺二也天照大神與帝同殿故供奉之
儀君神一體始自天上中臣齋部二氏相副
奉禱日神媛女之祖亦解神怒然則三氏之
職不可相離而今伊勢宮司獨任中臣氏
不預齋部氏所遺三也凡奉造神殿寳
殿者皆須依神代之職齋部官率御木
麁香二郷齋部伐以齋斧堀以齋鉏然
後工夫下手造了後齋部殿祭及門祭訖

後天下手造了倭齋部殿祭及門祭此
乃可御坐而造伊勢宮及大嘗由紀主基
宮皆不預齋部所遺四也又殿祭門祭者元
太玉命供奉之儀齋部氏之所職也雖然
中臣齋部共任神祇官相副供奉故宮内
省奏詞偁將供奉御殿祭而中臣齋部候
御門至于寶龜年中初宮内少輔從五
光仁天皇時
下中臣朝臣常改奏詞云中臣率齋

下中臣朝臣常忠改奏詞云中臣率齋
候御門者彼省因循永為後例于今未改

光仁天皇時

所遺五也又肇自神代中臣齋部供奉
事無有差降中間以来権移一氏齋宮
主神司中臣齋部者元同七位官而延暦初
朝原内親王奉齋之日殊降齋部為八位
官于今未復所遺六也凡奉幣諸神者
臣齋部共預其事而今大宰主神司獨任

國
臣斎部共預其事而今太宰主神司撰任
中臣不預斎部所遺七也諸大社亦任中
不預斎部所遺八也凡鎮魂之儀者天鈿
女命之遺跡然則御巫之職應任舊氏而
今所選不論他氏所遺九也凡造大幣者
作
須依神代之職斎部之官率供作諸氏
准造備然則神祇官神部可有中臣斎部
猨女鏡作玉作盾作神服倭文麻

部、媛女鏡作玉作楯作神服倭文麻
續等氏而今唯有中臣齋部等二三氏
餘諸氏不預考選神裔已散其葉將絶所
遺十也又勝寶九歲左辨官口宣自今以、
後伊勢大神宮幣帛使專用中臣勿差
他姓者其事雖不行猶所載官例未見刊
除所遺十一也昔在神代大地主神營田
之日以牛宍食田人于時御歲神子至

之日以牛完食田人于時御歳神子至於
其田唾饗而還以状告父御歳神發怒以
蝗放其田苗葉忽枯損似篠竹於是大地主
神令片巫〈志止々鳥也〉肱巫〈今俗竈輪米占也〉占求其由御歳
神為祟宜獻白猪白馬白鶏以解其怒依
教奉謝御歳神荅曰實吾意也宜以麻
柄作桛々之及以其葉掃之以天押草押之
以烏扇々之若如此不出去者宜以牛完

以烏扇〻之若如此不出去者宜以牛宍置
溝口作男茎形以加之可以厭其心也以薏子蜀椒
呉桃葉及塩班置其畔古語薏玉都須玉也仍従其教
苗葉復茂年穀豊稔是今神祇官以
白猪白鶏祭御歳神之縁也（白馬ィ）
前件神代之事説似盤古疑氷之意取
信寔難然我國家神物霊蹤今皆見在
觸事有効不可謂虚但中古尚朴礼

觀乎有効不可謂无但中古尚朴礼樂
未明制事垂法遺漏多矣方今聖
運初啓照堯暉於八洲寶暦惟新蕩舜波
於四海易鄙俗於往代改耗弊於當年隨
時垂制流万葉之英風興廢繼絶補千
載之闕典若當此造式之年不制彼望
秩之礼竊恐後之見今猶今之見矣
臣廣成朽邁之齡既逾八十犬馬之戀日

臣廣成朽邁之齡既逾八十犬馬之戀旦
暮彌切忽然遷化含恨地下街巷之談猶
有可取庸夫之思不易徒棄幸遇求訪
之休運深歡口實之不墜庶斯高[illegible]
被天鑒之曲照焉

古語拾遺

古語拾遺

暦仁元年八月十一日於光寿院書写了　覚英上

古本云借取或哥仙之秘本所写也愚推之所及若参差秘本ゝ定賢之不及

他見者也

（継紙）

古語拾遺　暦仁本　巻尾

『古語拾遺　嘉禄本・暦仁本』解題

山本　崇

一　はじめに

『古語拾遺』は、大同二年（八〇七）二月十三日、平城天皇からの朝儀祭祀にかかわる召問をうけた斎部広成が、造式の根拠とすべく、祭祀の根源、変遷および現状を、祭祀を掌る斎部氏の立場から記し撰上した書である。古来、大同元年八月十日勅（『日本後紀』同月庚午条）との関連が注目され、この勅裁にいたる、中臣氏と忌部氏との相論にかかわる証拠文書として作成されたとか、中臣氏に対する斎部氏の不遇を愁訴した文書とする理解が呈されたこともあったが、近年の研究では、これらの理解は概ね退けられ、平田篤胤『古史徴開題記』にみえる上記の理解が主流となっている（徳田一九二六、西宮一九八五、飯田一九八六、石上二〇〇四）。

『古語拾遺』の撰述年は、大同元年（八〇六）あるいは二年とみられる。嘉禄本の尾題前には、次のごとき年紀がみられる。

或本無之
大同元（ミ）（二）年二月十三日

これによると、「大同元年」とする写本、「大同二年」とする写本、「大同元年」を見セ消チにより「二」と修正する写本、さらには年紀を欠く写本も存在したらしい。異なる系統の写本である元弘四年（一三三四）書写の亮順本には、「師伝云、平城天皇御宇大銅元年斎部広成奉勅撰古語拾遺云々」とみえる。延暦から大同への改元は、平城天皇の即位と同日の五月十八日であり、この注記は、正しくは延暦二十五年（八〇六）二月十三日とすべきである。しかしながら、跋にみえる「方今、聖運初啓…、宝暦惟新」からすれば、この史料の成立は、平城天皇の代とみる方が相応しい。大同二年を是とする近年有力な理解に従う（西宮一九八五、飯田一九八六）。

『古語拾遺』の構成は、序、本文、跋からなる。序は、「蓋聞、上古之世、未有文字、貴賤老少、口口相伝、前言往行、存而不忘（蓋し聞けらく、上古の世に、未だ文字有らざるときに、貴賤老少、口口に相伝へ、前言往行、存して忘れず、と）」という、はなはだ著名な文章にはじまる。祭祀の変改された現状において、故実・根源を識ることなく、国史や家の記録に遺れた不備を指摘し、幸いにも平城天皇の召問を被り、旧説をまとめて言上する、と作成の目的が明言される。本文は、大別して、斎部氏の立場からみた、一、神代の古伝承、二、神武天皇以降の古伝承、三、古伝承に漏れた十一カ条、四、御歳神祭祀の古伝承からなる。とりわけ一、二は、『日本書紀』の記述に多く類似するものであるが、それを著しく要約した部分や、所々に本書独自の伝を配した部分も知られる。独自の伝には、斎部広成による『日本書紀』解釈と思しき部分も散見する。跋は、本文までで述べられた「古語の拾遺」を、式典制定の好機にあたり、天皇のご下問をうけ、天覧に達することを願う、と結ぶ。序にしろ跋にしろ、尚書、礼記、文選などの語句により潤色し、四字句、対句による漢文体で格調高くまとめあげられている。

天理大学附属天理図書館には、鎌倉時代中期に書写された『古語拾遺』の古写本が二本伝えられており、それらは、書写年代により、嘉禄本、暦仁本と称されている。嘉禄本は、現在まで伝わる『古語拾遺』のなかで最古の写本であるとともに、卜部本系諸本の祖として、奥書からうかがわれる伝来の確かさ、頭書・裏書などの勘物や訓点の豊富さからして、もっとも貴重な『古語拾遺』写本である。暦仁本は、嘉禄本に次いで古い年紀をもつ古写本で、破損著しく巻首を欠くが、卜部本系諸本とは別系の、伊勢本系統の真福寺本に連なる写本とも（太田一九八二）、独自の別系統ともいわれ（鎌田一九六三）、傍注の訓点にも独自なものがみられるなどこれまた貴重な写本である。

二本はともに、昭和二十五年（一九五〇）制定の文化財保護法により、重要文化財に指定されている。指定年月日は、嘉禄本が昭和三十三年（一九五八）二月八日、暦仁本が昭和四十五年（一九七〇）五月二十五日。現在、学校法人天理大学が所有し、天理図書館が保管している。なお、二本は、いずれも弘文荘から天理図書館へ納められたもので、その経緯は、反町茂雄氏の執筆にかかる「二種の『古語拾遺』（重文）につけて」（一九八一）に詳しい。

『古語拾遺』嘉禄本は、昭和十六年（一九四一）に別冊附録「卜部本古語拾遺解説」（鈴鹿三七氏執筆）を付して便利堂から、さらに翌昭和十七年に「嘉禄本古語拾遺開題」（宮地直一氏執筆）を付して貴重図書複製会から、いずれも巻子装の複製本が刊行された。また、嘉禄本、暦仁本は、『天理図書館善本叢書和書之部一　古代史籍集』（天理大学出版部、一九七二年。石崎正雄氏「解題」）に、乾元本『日本書紀』、三条西家本『播磨国風土記』とともに収められ、モノクロによる影印版が刊行されている。

二　古写本と二系統の写本系統

『古語拾遺』は、比較的短い史料であることもあり、『国書総目録』『古典籍総合目録』に掲載されるだけでもおよそ五十の伝本が知られている。古写本にも恵まれており、確実に中世以前の書写にかかるものだけ列挙しても、本書に影印として収められる嘉禄本、暦仁本の二本のほか、前田育徳会尊経閣文庫に所蔵され、鎌倉時代末期から南北朝時代初期までに書写された釋無貮本、熈允本、亮順本の三本（財団法人前田育徳会尊経閣文庫二〇〇四）、宮内庁書陵部に所蔵され室町時代後期の書写にかかる智祐本（架号谷-三三六）、室町時代末期の書写とされる龍門文庫本（川瀬一馬『龍門文庫善本書目』阪本龍門文庫、一九八二年）が知られている。これらに加えて、近年、もう一つの、それも来歴の確かな古写本の出現が報じられた。清原宣賢自筆本（以下、宣賢本）がそれで、室町時代後期の永正十一年（一五一四）から大永六年（一五二六）までに書写されたものと推定されている。宣賢本は、京都大学が購入し、現在附属図書館の清家文庫に収められている（木田二〇〇九）。宣賢は吉田兼倶の三男で、清原家の養子となり同家を継いだ人物である。

また、國學院大學図書館所蔵の梵舜本（貴九七九）は、写本の系統を考える上で重要である。梵舜は天文二十二年（一五五三）に生まれ、寛永九年（一六三二）没。吉田兼右の子で、兼見の実弟。梵舜本の書写は慶長年間（一五九六～一六一五）かという（西宮一九八五）。『舜旧記』によると、慶長十九年（一六一四）十一月に以心崇伝に貸与し（十七日条）、寛永四年（一六二七）七月に甥孫の萩原兼従の所望により書写したことがみえる（二十五日条）。梵舜本と龍門文庫本は、宣賢本の親本を推測する手がかりを与えてくれる。いずれも、木田章義氏の訓点解説に詳しい。

『古語拾遺』の写本系統は、冒頭の天御中主神の神裔にかかわる系譜の違いにより、卜部本系と伊勢本系の大きく二つに分類されている（溝口一九三六）。上記の写本では、卜部本系に嘉禄本、宣賢本、龍門文庫本、梵舜本、智祐本、伊勢本系に釋無貮本、熈允本、亮順本が属している。

『古語拾遺』嘉禄本は、現在まで伝わる『古語拾遺』のなかで最古の写本であるとともに、卜部本系諸本の祖本とされる（ただし、嘉禄本の転写とはみがたい写本の存在も指摘されている）。卜部本系諸本には次の如くみえる（嘉禄本による）。

又天地割判之初、天中所生之神、名曰天御中主神。次高皇産霊神。古語多賀美武須比 是皇親神留伎命。次神産霊神。是皇親神留弥命此神子天児屋命中臣朝臣祖。

これに対し、伊勢本系諸本には次の如くみえる（亮順本による）。

又天地割判之初、天中所生之神、名曰天御中主神。其子有三男。長男高皇産霊神。古語、多賀美武須比。是為皇親神后弥伎尊。即伴・佐伯等祖也。次、津速産霊神、是為皇親神留弥命。此神子天児屋命。中臣朝臣等祖也。次神産霊神。此紀直祖也。

卜部本系諸本は、天御中主神の子として、高皇産霊神、その子として神産霊神とする系譜を採るが、伊勢本系諸本は、天御中主神の長男を高皇産霊神、次男を津速産霊神、三男を神産霊神とし、次男である津速産霊神の子の天児屋命を、中臣朝臣等の祖とする点で異なる。なお、伊勢本系諸本には、津速産霊神の割注を「是、為皇親神留弥尊。即中臣朝臣等祖也」とする写本（嘉禄本裏書所引一本〈裏1〉）も知られる。伊勢本系の呼称は、龍熈近『古語拾遺言餘鈔』において「拠神宮伝来一本」と底本を表現したことにはじまるという（溝口一九三六、石上二〇〇四）。また、『古語拾遺』諸本における二つの系統の存在は、江戸時代の奈佐勝皐による校訂以来踏襲されている（飯田一九八七a）。二系統の相違は、書写時の間違いに類するものではなく一部に手を加えて書き換えたものとされ、伊勢本系諸本の記述が原本のものではないとみる説が早くから唱えられている（溝口一九三六）。鎌田純一氏は、これを鎌倉時代初期に渡会氏により改竄されたものとみた（鎌田一九六二）。その後、西宮一民氏は、改竄を中臣氏の関与とみた上で、「この改竄は先代旧事本紀以後、すなわち十世紀の初め（九〇四・六）以後、古語拾遺が引用利用されている間の下限の十一世紀の初め（政事要略の一〇〇二）までの約百年間のできごとではなかったか」と指摘している（西宮一九八五）。

他方、暦仁本は、巻首のおよそ四紙分を欠損しており、写本系統を判別する冒頭の内容がわからない。鎌田純一氏は、卜部本系・伊勢本系とさらに別系とせざるを得ない異同が目立つこと、その書写年代が卜部本系の祖本である嘉禄本の嘉禄元年（一二二五）、伊勢本系の雄たる亮順本の元弘四年（一三三四）に比して、暦仁元年（一二三八）とかなり早いことを指摘し、いずれの系統にも属さない「法隆寺本系」統の写本との理解を示した（鎌田一九六三）。これに対して、太田正弘氏は、真福寺本（太田正弘氏蔵真福寺本転写近世写本）の検討を行い、それが伊勢本系統に近い写本であること、さらに完全に一致するわけではないものの、暦仁本系の写本との理解を示した（太田一九八二）。近年は、暦仁本を伊勢本系統の写本に含めて理解する考え方も示されている（西宮一九八五、飯田一九八七a）。

なお、近年宮澤俊雅氏は、嘉禄本、亮順本、暦仁本との間の独自異文の優劣関係を分析し、この三本の系統を左図のように示した（宮澤二〇〇一）。この議論は、校訂本文への独自異文の採用方針を主眼としており、史料の価値を論じたものではないと判断するが、文字の異同や独自異文に注目した写本系統論として独創性に富む指摘といえる。

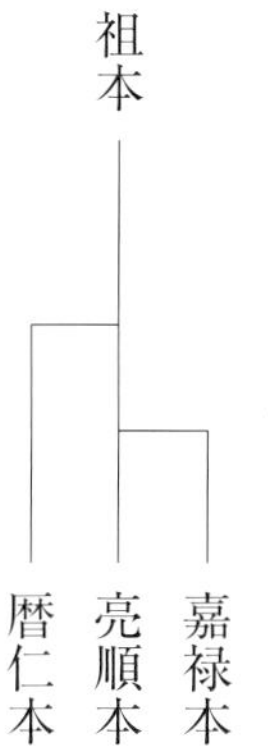

三 『古語拾遺』嘉禄本の書誌

書誌的事項

古語拾遺（嘉禄本）〔二一〇・一一イ一九五〕卜部兼直筆。書写年代は鎌倉時代中期嘉禄元年（一二二五。あるいは嘉禄二年〈一二二六〉か）二月二十三日写。巻子本一巻一軸。寸法は紙高二九・六〜二九・八cm、全長一〇m一八・二cm。継紙の法量は縦二九・七cm。全長一m一六・六cm。改装新補淡茶色表紙。料紙は丁寧な打を施した楮紙打紙、継紙は楮紙。紙数は十七紙継、別に継紙三紙。

料紙ごとの紙幅は、（表紙見返し）一九・一cm（天辺での計測値。地辺は一九・七cm。以下、天地で異なる場合のみ地辺の計測値を併記する）、（第一紙）五一・六cm、（第二紙〈現状の第十紙。以下同様〉）五一・九cm（五二・〇cm）、（第三紙〈第十一紙〉）五一・九cm（五二・二cm）、（第四紙〈第十二紙〉）五一・八cm（五二・〇cm）、（第五紙〈第三紙〉）五一・七cm（五二・一cm）、（第六紙〈第四紙〉）五一・五cm（五一・七cm）、（第七紙〈第五紙〉）五一・九cm（五二・二cm）、（第八紙〈第六紙〉）五二・〇cm（五二・五cm）、（第九紙〈第七紙〉）五二・〇cm（五二・四cm）、（第十紙〈第八紙〉）五一・八cm（五二・二cm）、（第十一紙〈第九紙〉）五一・九cm、（第十二紙〈第二紙〉）五二・〇cm（五二・一cm）、（第十三紙）五一・七cm（五二・三cm）、（第十四紙）五一・八cm（五二・三cm）、（第十五紙）五一・八cm（五二・二cm）、（第十六紙）五一・九cm（五二・一cm）、（第十七紙）五〇・四cm（五〇・〇cm）。なお、第二紙、第十・第十一・第十二紙に錯簡があり、現在の第十・第十一・第十二紙がそれぞれ第二・第三・第四紙に、第二紙が第十二紙に復原される。本稿では本来のあるべき位置に戻した状態で示している。（継紙第一紙）四二・四cm（四二・五cm）、（第二紙）三六・八cm（三六・五cm）、（第三紙〈軸付紙〉）三七・五cm（三七・六cm）。本紙と継紙の紙継目に紙高二八・九cm紙幅二・二cmの補修紙（楮紙）あり。

有界（薄墨界）。界高は二三・〇cm。界幅は二・八〜三・〇cm。行数は一紙十八行。字詰は一行十六〜二十字程度。

奥書以外にみえる自署・花押は、（第一紙冒頭）「兼直（自署）」（文字の左半分のみ残存）、（第十七紙・継紙第一紙継目裏）「（兼凞花押）」、（継紙第一紙・第二紙継目裏）「（某花押）」、（継紙第二紙・第三紙継目裏）「（某花押）」。

貼外題「古語拾遺／贈中納言／兼直卿真筆」。内題「古語拾遺一巻加序」、尾題「古語拾遺一巻」、桐箱箱書「古語拾遺嘉禄本」。尾題前年紀「或本無之／大同元年二月十三日」。

特記事項

嘉禄本の形態上の特記事項を述べる。

まず、紙継目に残る文字および墨痕について。冒頭、第一紙端下の「兼直（自署）」（五頁）は、文字右半が失われ、端に三㎜程度の糊代が残る。第一紙の前に、少なくとも別の一紙が接続していたと推測される。現在の表紙見返しは改装新補表紙にともなうもので、あるいは原装の表紙見返しに記されたとも理解されるが、石井正敏氏が指摘するように、失われた一紙には、宮内庁書陵部所蔵の智祐本、國學院大學図書館所蔵梵舜本などにみえる識語が存在した可能性がある（石井一九八六）。このほか、継紙の継目付近にも二箇所、墨痕が確認できる。一つは、継紙第一紙端下の墨痕（五三頁）、もう一つは、継紙第二紙奥上の一文字分とみられる二画の墨痕（五七頁）である。前者は、幅二・二㎝の補修紙に隠れており詳細は不明。後者は、継紙第二紙の紙幅が短いこともあり、飯田瑞穂氏が指摘するように、梵舜本などにみえる文明十九年（一四八七）の兼致書写・加点奥書を削りとったものの可能性がある（飯田一九八七ａ）。継紙第一紙と第二紙、さらに継紙第二紙と第三紙の紙背継目花押は、兼敦のものと理解されているが（石崎一九七二）、古くは、兼右のものとみられたり（宮地一九四二。ただし兼右本『日本書紀』の奥書にすえられる兼右署判とは異なる）、言及を控えたりするものもあり（鈴鹿一九三八）、古来一定していない。継紙第二紙の墨痕が「文明」とする飯田説によるならば、それ以降のものであり、さらなる検討が必要と思われる。

第二に、付箋および史料の染みについて。『古語拾遺』が書写された面の都合十八箇所に、付箋のごとき紙を貼り付けた痕跡が残る。その位置は、第三紙（第十一紙）二箇所（一三頁）、第九紙（第七紙）二箇所（二九頁）、第十紙（第八紙）三箇所（三二頁）、第十一紙（第九紙）三箇所（三三・三四・三五頁）、第十二紙（第二紙）一箇所（三六・三七頁）、第十三紙三箇所（三九・四〇頁）、第十四紙二箇所（四二・四三頁）、第十六紙一箇所（四九頁）。いずれも幅五㎜程度で、貼り付けられた内容などは全くわからない。また、第十紙（第八紙）の奥から、第十一紙（第九紙）、第十二紙（第二紙）、第十三紙の半ばまでの（三二〜四〇頁）、天界からその下にかけて、ほんのわずかに青みがかった灰色の三ツ星状の染みが認められる。第十二紙（第二紙）にも認められることから、この染みは、錯簡以前に第十一紙（第九紙）についた染みが周辺の料紙にも及んだものであり、従来、本文の内容から行われていた復原を史料そのものに残された痕跡から支持するものとして、注目される。

第三に、勘物の筆跡について。卜部兼直自身による校合奥書や、累代の披見奥書から容易に推測されるように、頭書・裏書などの勘物は、何段階にも渉り書き加えられてきたものと思われる。累代の披見奥書との筆跡の比較により、書き入れの時期を特定する可能性は皆無ではないが、筆者には筆跡を判定する能力がない。以下、同筆異筆関係については、先学の指摘に従いつつ、私見を交えて整理しておく（翻刻は解題末尾に掲載）。

頭書。八箇所の頭書のうち、『先代旧事本紀』（頭1）、『古事記』の訓（頭2）、「殖穀麻種」の訓みを示した部分（頭9）、『令義解』軍防令節刀条の引用（頭15）の都合四箇所は、本文と同筆で卜部兼直の筆にかかると推定される。これに対して、「太玉命子」（頭3）、『礼記』王制篇などの引用（頭4）、「八尺」の訓（頭5）、『日本書紀』神武天皇即位前紀戊午年（前六六三）六月丁巳条の抄出（頭7）の四箇所は、異筆と判断される。八箇所の見出し語のうち、「千木事」（頭8）、「以弓矢刀祭神祇事」（頭13）、「御巫事」（頭16）は、濃い墨を用い比較的整った筆致で記され、別筆もしくは異筆かと判断される。「猿女本縁事」（頭6）、「御躰御卜始事」（頭14）は、はなはだ墨が薄く文字の崩し方も著しい。「安房国安房社為太玉命事」（頭10）、「鏡剣奉安正殿事」（頭11）、「用熊鹿皮角布等祭神祇本縁事」（頭12）は、両者の中間の様相を示している。いずれも異筆であろう。

裏書。裏書の位置は、本文の関連する箇所からみて概ね真裏に記されており、ずれがある場合でもそれは界線一行分程度である。ただし、第十七紙紙背の『日本後紀』の引用（裏29）のみ引用文が長くややその状況が異なる。尾題前行の年紀「大同元年二月十三日」に付された注記であるとするならば、それは、第十七紙におさまり、年紀の書き出しからみて奥（左）側約二六㎝の位置から書き出されている。この裏書の位置は、巻物を両肩程度に開いて披見するとき、左側の未読部分の紙背にあたり、表面の内容と関連する史料を紙背に記したものと推定される。

本文と同筆で卜部兼直の筆にかかると推定されるものとして、伊勢本系統の一本の引用（裏1）、見出し語（裏2・3・5〜9・11〜15・19〜21・26〜28）、『日本書紀』崇神天皇六年条（裏22）・景行天皇四十年条（裏25）、『日本後紀』大同元年七月庚午条（裏29）がある。いずれも、『古語拾遺』を写した表面の天界との位置関係からすれば、一文字から一文字半ほど、界線の上から書き始める傾向が認められる。

なお、西宮一民氏は、『日本書紀』垂仁天皇二十五年条（裏23）も本文と同筆と指摘するものの（西宮一九八五）、その引用方式は、「日本紀云」とはじめ、「垂仁天皇」を割書で記す点で、「日本書崇神天皇紀云」「日本書景行天皇紀云」と引用する『日本書紀』の他の引用とは方式が異なる。加えて書き出しの位置やその筆致もやや異なることから、同筆と認定するにはやや問題が残る。別筆とするのが穏当であろう。

本文と異筆と思われるものとして、『先代旧事本紀』の引用（裏4）、『日本書紀』垂仁天皇二十七年（裏24）、『延喜式』の引用（裏16～18）、『東宮切韻』もしくは『釈日本紀』所引「東宮切韻」を引用した「咫」の語釈（裏10）が知られる。このうち、「咫」の語釈を除く五つの裏書は、いずれも『古語拾遺』を写した表面の天界の位置から書き始めており、筆跡も酷似することから、同筆で、かつ一連の仕事である可能性を指摘しておく。

最後に、複製本について。前述の通り、嘉禄本は、二種類の複製本が公刊されている。一冊は、吉田良兼・鈴鹿三七『卜部本古語拾遺』（便利堂、一九四一年）、もう一冊は、貴重図書複製会『嘉禄本古語拾遺複製』（一九四二年）である。前者は、吉田家累代の家老の家柄で書誌学にも明るい鈴鹿三七氏がかかわり、錯簡を正し元来の貼継に復して複製している点が特徴である。ただし、単色刷であり、料紙の紙幅、紙継目などは必ずしも原本の通りではなく、また、継目裏花押の一部も省略されている。これに対して、後者は、錯簡のある現状のままで、かつ紙継目をはじめとして原本にきわめて忠実に複製されている。ただし、朱墨二色刷ではあるものの、薄墨や朱による加点や勘物について、色調や濃度の再現は必ずしも充分とはいえない。本叢書のカラー影印が望まれる所以であり、両者を併用することで、嘉禄本『古語拾遺』の装幀に即した理解が可能になるものと思われる。

四　吉田流卜部家の伝本

嘉禄本書写の経緯は、書写奥書に続けて記される本奥書、校合奥書に詳しい。これらは、本文とともに卜部兼直が記したと考えられている。それによれば、嘉禄本の親本は、左京権大夫藤原長倫所蔵本であった（奥書①‐1）。この写本には、保安五年（一一二四）閏二月四日に、藤原敦光が主計頭中原師遠本と比校した旨を記すとともに、なお訛謬があるため、証本を尋ね求めて真偽を決すべしと記す（奥書①‐2）。藤原長倫は式家の流れを汲み、文章博士を歴任した文人貴族で、仁治三年（一二四二）非参議正三位で出家。敦光はその曾祖父にあたる。菅貢士（菅原氏出身で、式部省の省試に及第した者）と読み合わせをしたとみえるのは（奥書①‐3）、本奥書の記述とも、嘉禄本の書写段階ともいずれの解釈も可能であるが、ここでは本奥書の記載と考えておく。

また、書写奥書にみえる「嘉禄元年二月廿三日、以左京権大夫長倫朝臣本書写了」の年紀には、混乱がある（奥書①‐1）。元仁から嘉禄への改元は四月二十日のことで、実際には少なくとも二箇月以上後の改元後に追記されたものとみる説が唱えられるほか（石崎一九七二）、藤原長倫は嘉禄二年（一二二六）正月二十三日に左京権大夫に補されていることから（『公卿補任』同年条）、嘉禄二年の誤記とみる説も示されている（西宮一九八五）。ここでは、嘉禄二年の誤記とする説が穏やかではないかと思う。

兼直は、恐らくは嘉禄二年（一二二六）の二月二十三日に書写の後、翌二十四日校点（奥書①‐4）、二十六日証本と比校した（奥書①‐5）。「（卜部家の）累祖相伝本は、いささか霊異を示し、たやすく披閲しがたい。そこでことこまかに思案するために他本を書写する」、という（奥書①‐6）。西宮一民氏は、累祖相伝本をたやすく披閲できなかった理由を、それが分立した平野家（流）にあったためと推測している（西宮一九八五）。なお、「ことこまかに思案するために」とする言説は、兼直の真意と思われ、幅三㎝というあらかじめ加点を前提として設定された界線は、その紛れもない証拠ではないかと思う。兼直自身によると推測される伊勢本系一本をはじめとした勘物の追記のほか、累代の加筆や多くの訓点により、嘉禄本は、吉田流卜部家に伝わる大切な本として認識されていった。

奥書によると、嘉禄本は吉田流卜部家直系に伝えられた。嘉禄本を書写した卜部兼直以降の吉田流卜部家歴代当主の系譜を、「卜部家系譜」（『神道大系　論説編八　卜部神道(上)』一九八五年、所収）、および「吉田家霊簿」（『神道大系　論説編九　卜部神道(下)』一九九一年、所収）により掲げる（奥書にみえる人物をゴシック体で示した）。

兼直―兼藤―兼益―*__**兼夏**__―*__**兼豊**__―*__**兼凞**__―*__**兼敦**__＝兼富―

兼名―*__**兼倶**__―**兼致**―**兼満**＝兼右―兼見―兼治―兼英―

兼起―兼敬―兼章―*__**兼雄**__―兼隆―兼業―良長―**良芳**

披見奥書をはじめて記した兼夏（裏奥書1）は、乾元本『日本書紀』を書写した人物。継紙第一紙を仕立て紙背継目に花押をすえた兼熈（裏奥書3、奥書②〜⑥、⑧）は、吉田流卜部家の発展の上で中興の祖として重視される人物。兼倶（奥書⑫）は、吉田神道の大成者。兼雄（奥書⑮）は江戸時代中期に文庫の整理に努めた人物。吉田流卜部家直系の、重要人物が名を連ねている。

ここにあらわれる人びとの多くは、乾元本『日本書紀』奥書に重複してあらわれる（左傍に＊を付して示した）。このことは、乾元本『日本書紀』と嘉禄本『古語拾遺』が、ともに吉田流卜部家に継承され、家説が凝縮した古典であることからすれば、当然のことともいえる。さりながら、室町時代後期の兼右以降、歴代当主のほとんどが、『古語拾遺』嘉禄本に奥書を加えていない点は、それ以前と比して際だっている。この事実は、「代々の當主其の人でさえ漫りに披見せられなかつた」重書だったとみるか（鈴鹿一九四一）、あるいは、『日本書紀』の相伝とその注釈に家学の重心が移動したとみるか。兼右の著述活動の総体からすれば、後者の理解が穏やかではないか。吉田流卜部家の家学のあり方を考える上でも追究すべき課題ではないかと思う。

乾元本『日本書紀』奥書にみえる人びとは、本叢書第三巻執筆者の遠藤慶太氏の解題に詳しいため（遠藤「『日本書紀 乾元本』解題」〈天理大学附属天理図書館『新天理図書館善本叢書三 日本書紀 乾元本二』天理大学出版部、二〇一五年〉）、重複を避けそちらにゆずることとし、嘉禄本奥書のみに登場する人びとに限り略歴をみておく（『卜部家系譜』および『公卿補任』による事績は注記を略した）。

卜部兼直（奥書①）は鎌倉時代前期から中期までの貴族、古典学者。兼茂の子、ただし、「父兼貞讓」として兼貞の子とする史料もある（『明月記』建久十年〈一一九九〉三月二十五日条）。生没年不詳。吉田流の「曩祖」とされる。建保二年（一二一四）正月五日正五位下、同三年四月二十一日従四位下、同四年三月二十八日従四位上、承久二年（一二二〇）十二月十日左兵衛督、その他、神祇大副、侍従、弾正大弼、山城国司、信濃権守（『明月記』前掲）、三河守（『経俊卿記』暦仁元年〈一二三八〉十月四日条）などを歴任し、極位は正四位上。贈中納言正二位とみえる。貞永元年（一二三二）には神祇権大副で神事の作法を尋ねられ（『百錬抄』同年十月二十七日条）、『上卿故実』には「上卿神事事」の項に「神祇大副兼直説」が採られるなど、神事故実に通じていた。寛元四年（一二四六）閏四月十日補平岡社神主とみえる（『葉黄記』同日条）。

卜部兼名（奥書⑪）は室町時代中期の公卿。兼富の子。正長二年（一四二九）正月五日正五位下（『薩戒記』同日条）。大蔵卿を経て享徳元年（一四五二）十二月非参議従三位、翌二年神祇権大副、康正二年（一四五六）侍従、翌三年正月五日正三位、長禄四年（一四六〇）八月八日従二位、同年十月二十八日薨去。

卜部兼致（奥書⑬）は室町時代後期の貴族。兼倶の子で、没年からすれば康正三年（一四五七）生まれ。左近将監、蔵人を経て長享三年（一四八九）七月八日従五位下、八月三日侍従、延徳三年（一四九一）三月二日神祇権大副、同九月七日従五位上、明応元年（一四九二）十二月二十九日正五位下、同三年正月六日従四位下、同七年二月十七日左兵衛佐、同八年七月二十四日卒去、四十二歳（『鹿苑日録』同日条）。吉田神道を大成した兼倶の子にしてその将来を託されていた兼致の早世は痛手であり、加えて兼致の兄弟である兼永・宣賢は、それぞれ平野家・清原家の養子となるなど、後継者に恵まれなかった。現在天理図書館に蔵される兼倶自筆本『日本書紀神代巻抄』が作成された経緯として、兼倶から兼満への確実な相承を意図したものと理解されている（岡田荘司「日本書紀神代巻抄解題」『「兼倶本」「宣賢本」日本書紀神代巻抄』続群書類従完成会、一九八四年）。

卜部兼満（奥書⑭）は室町時代後期の公卿。兼致の子で、文明十七年（一四八五）生まれ。明応八年（一四九九）六月二十五日従五位下、文亀二年（一五〇二）四月二十四日従五位上、永正三年（一五〇六）九月十七日正五位下、同六年十二月二十日従四位下、同十年正月十五日従四位上、同十三年十二月二日正四位下、大永三年（一五二三）三月十九日非参議従三位、同五年三月十八日吉田館火災により出奔、同六年十二月二十九日出仕、享禄元年（一五二八）十一月三日薨去、四十四歳。実子がなく、清原宣賢の子で十一歳の兼右を養子に迎えた。なお、兼右の著述活動は、兼満の出奔と書籍紛失をうけ、家本復活の強い願いが込められたものであった（林勉「解題」〈天理図書館善本叢書和書之部編集委員会『天理図書館善本叢書和書之部五六 日本書紀 兼右本三』天理大学出版部、一九八三年〉）。

卜部良芳（奥書⑯）は江戸時代後期の公卿。良長の子で文化七年（一八一〇）五月十一日生まれ。文政四年（一八二一）正月四日従五位下、同八年二月十一日年従五位上。侍従、神祇権大副を経て弘化四年（一八四七）非参議従三位、慶応四年（一八六八）四月二日正三位で薨去。五十八歳。

五　『古語拾遺』暦仁本の書誌

書誌的事項

古語拾遺（暦仁本）〔二一〇・一―イ一七五〕。寛英筆。巻首欠地小破。書写年代は鎌倉時代中期暦仁元年（一二三八）八月十一日写。巻子本一巻一軸。寸法は紙高二九・六～二九・九cm、全長七m二・五cm。改装新補淡茶色地花唐草模様古裂表紙、見返しに押金箔。裏打紙金銀切箔散。料紙は軽い打を施した楮紙打紙、継紙は楮紙。紙数は十四紙継、別に継紙二紙。

料紙ごとの紙幅は、（表紙見返し）二五・六cm、（継紙〈白紙〉）一四・五cm（天辺での計測値。地辺は一四・二cm。以下、天地で異なる場合のみ地辺の計測値を併記する）、（第一紙）四五・四cm、（第二紙）四五・四cm（四四・八cm）、（第三紙）四五・六cm、（第四紙）四六・〇cm（四五・五cm）、（第五紙）四五・八cm（四五・二cm）、（第六紙）四五・七cm、（第七紙）四五・九cm（四四・九cm）、（第八紙）四五・六cm（四五・四cm）、（第九紙）四五・四cm、（第十紙）四五・三cm（四五・一cm）、（第十一紙）四五・五cm（四五・六cm）、（第十二紙）四五・三紙（四四・九cm）、（第十三紙）四四・八cm（四五・〇cm）、（第十四紙）四五・六cm（四五・四cm）。継紙の法量は、縦二八・八～九cm。全長二六・九cm。（継紙第一紙）一六・八cm（一七・四cm）、（継紙第二紙〈軸付紙白紙〉）一〇・一cm（九・七cm）。

有界（薄墨界）。界高は二五・二～三cm。界幅は二・四～二・七cm。行数は一紙十八行。字詰は一行十四～十八字。

貼外題・後筆「古語拾遺 明治十五年購求栗原必題 暦仁古写本真跡」。桐箱箱書「古語拾遺　暦仁古鈔」。箱裏書・別筆「昭和卅三年秋弘文荘賜」。尾題「古語拾遺」。

書写奥書

「暦仁元年八月十一日、於光寿院書写了。　寛英之
　　愚推之所及若登□〔蓮カ〕秘本歟
書本云、借取或哥仙之秘本所写也。穴賢〳〵。不及
他見者也。」

特記事項

本文は巻首のおよそ四紙分を欠損し、「伸手歌舞相興」からはじまる。暦仁本は、薩摩藩の山田清安が京都藩邸留守居役として在京中に、法隆寺で得たものという（石崎一九七二）。書写奥書によれば、暦仁元年（一二三八）八月十一日、寛英が光寿院にて書写したものという。書写奥書は継紙第一紙に記されており、本文との同筆異筆関係には検討の余地が残されている。ただし、両者ともに現れる文字のうち、とりわけ「暦」「年」「取」の三文字は著しく酷似しており、加えてこの他の文字についても類似した特徴を多くもつことから、両者を異筆とみる必要はとくに認められない。このことは、本文の筆致や料紙が鎌倉時代中期のものとみてとくに矛盾しないこととも整合的である。

なお、寛英も光寿院もともに詳らかにしえない。法隆寺に伝わったことから推せば、京ないし大和、あるいは畿内近国で写された可能性があろう。親本は、或る歌仙の秘本で、寛英はそれを登□の秘本かと推定している。この人物は、登蓮とするのが古来の理解であり（鈴鹿一九三八）、残画もとくに矛盾しない。

登蓮は、生没年不詳。中古六歌仙の一人。仁安二年（一一六七）八月の太皇太后宮亮経盛朝臣家歌合、承安二年（一一七二）十月の広田社歌合、治承二年（一一七八）三月の別雷社歌合などに出詠し（いずれも『群書類従』第十二輯和歌部）、『詞花和歌集』以下、『千載和歌集』などの勅撰集に十九首の和歌が入集する。寿永元年（一一八二）十一月に仮奉納された『月詣和歌集』に辞世の句がみえ、同年に成立した『有房集』にも死没がみえることから、これ以前に没したかと考えられる。出自なども未詳であるが、『延慶本平家物語』（巻四）によると、その出自を問う平清盛に対して、「元ハ筑紫安楽寺ノ者ニテ候シガ、近年ハ近江ノ阿弥陀寺ニ従寺リ。登蓮ト申」と答えたとみえ、筑紫に縁があり、近江に居住したとの伝がある（この寺は、「近江甲賀郡阿弥陀寺」という。富倉二朗「登蓮法師考」『帚木』一九三六年）。筑紫とのかかわりは『新古今和歌集』にもみえ、晩年、海路下向したらしい（巻九・八八四番歌題詞）。『徒然草』一八八段にも逸話を残す人物かという（以上、井上宗雄『平安後期歌人伝の研究 増補版』笠間書院、一九八八年。河原木有二「登蓮法師小考」松本寧至編『中世文学の諸問題』新典社、二〇〇〇年などを参照）。

貼外題によれば、明治四十五年（一九一二）に所蔵者の変更があり、後に清野謙次氏の蔵書となったものを、没後、弘文荘が譲り受け、昭和三十二年（一九五七）弘文荘善本目録に掲載された。翌年弘文荘から中山正善氏に謹呈され、天理図書館に納められた（反町一九八二）。

　暦仁本は、写本系統でも触れたように、写本系統を判別する、冒頭の天御中主神の神裔にかかわる系譜の部分を欠損している。当該写本の写本系統が明確でないのは、そのためである。また、暦仁本の研究史は、嘉禄本のそれに比べて決して厚いものとはいえない。その主たる要因は、前述の如く写本系統を判断するべき冒頭を欠くことにあるが、もう一つは、戦前のある段階まで、その所在が不明となっていたことがあげられよう。鈴鹿三七氏は、昭和十二年十月の注記として、「従来その所在を明かにせず甚だ遺憾とせられてゐたところが、最近滅失せずに確かに其家に秘蔵されてゐる事を耳にした」と記している（鈴鹿一九三八）。

六　むすび

　嘉禄本と暦仁本の二本の『古語拾遺』は、書写の経緯も伝来の過程も全く異なる別系統のものであるが、戦後の混乱期における古書肆と篤志家の英断により天理図書館の蔵本となり、二点のみ現存する鎌倉時代中期写本が、ともに保管されることとなった。実見の知見をふまえ、あらためて二本を比較してみると、書写年はわずかに十三年を隔てるのみにもかかわらず、あまりにも相違点が多いように思われる。嘉禄本は、丁寧な打を施した楮紙打紙を用い、写経用の筆を思わせる、なめらかな筆致の文字で記されている（筆や筆致にかかわる所見は、熟覧調査にもとづく知見である。なお、写本における筆の使い分けは、藤本孝一『日本の美術四三六　古写本の姿』〈至文堂、二〇〇二年〉に指摘がある）。界幅の広さも、加点を前提としたもので、家学の継承を企図した、いわば、吉田流卜部家に伝えるべき新たな写本を作成するという強い意志が見て取れる。吉田流卜部家に集積された文庫史を語る上で、欠くべからざる史料といって過言ではない。

　これに比して暦仁本は、その作成に家学としての学問の継承などではない、手控えとしての蔵書のごとき身近さが感じられる。料紙も軽い打を施した楮紙打紙で、書状の筆致と近しく思われる。同じく法隆寺の、勧学院に旧蔵され、現在天理図書館所蔵の『三外往生記』は、やや時代が降る南北朝時代の写本ではあるが、同様の風合いをもつ写本といえそうである（天理図書館善本叢書和書之部編集委員会『天理図書館善本叢書和書之部五七　平安詩文残篇』天理大学出版部、一九八四年、所収）。暦仁本は、中世法隆寺の文庫史を語る史料としても、検討の余地が残されているのではなかろうか。

　『古語拾遺』は、古来重視された史料でもあり、末尾に主要参考文献として掲げた論考を含め、先学による多くの研究が公表されている。ここでは、書誌的解題に終始するのみで、これらの研究を深めることはできなかった。のみならず、ここで示したことは、多く先学によりすでに指摘され、また学会で通説として受け入れられていることであり、本稿はそれらをあらためて確認したものに過ぎない。浅学を恥じ入るばかりである。はなはだ遺憾ながらも、依頼の紙数をすでに大幅に超過しており、研究の深化は後考に期したい。『古語拾遺』嘉禄本、暦仁本が、鮮明なカラー影印の刊行という形で比較的身近に提供されることで、新たな研究を生み出すきっかけにならんことを願う。

　文末ながら、本稿の執筆にあたり、二〇一五年四月十四日（火）、古語拾遺（嘉禄本）、古語拾遺（暦仁本）を熟覧調査する機会をいただいた。さらに、五月八日（金）、料紙の確定を目的として、あらためて熟覧調査する機会をいただいた。調査をお許しいただいた天理大学附属天理図書館、料紙の調査にご同行の上さまざまご教示いただいた宇都宮啓吾（大阪大谷大学）、遠藤慶太（皇學館大学）、吉川聡（奈良文化財研究所）の各氏に篤くお礼申し上げる。

注記

　史料の翻刻について、鮮明なカラー図版が提供されていることに鑑み、漢字は常用字体を用い、常用字体のない文字は康熙字典の字体に準拠、一部の文字については写本の表記を尊重する、という方針で原稿を作成した。また、返点は頭書に付されたもののみを起こし、私に句読点を付した。

【主要参考文献】

青木紀元監修、中村幸弘・遠藤和夫『『古語拾遺』を読む』（右文書院、二〇〇四年）
飯田瑞穂「『古語拾遺』の伝本をめぐって」（『飯田瑞穂著作集四　古代史籍の研究下　古語拾遺他』吉川弘文館、二〇〇一年。初出一九八七年ａ）
同「『古語拾遺』解題・校訂」（『飯田瑞穂著作集四　古代史籍の研究下　古語拾遺他』前掲。初出一九八六年）
同「尊経閣文庫架蔵の金沢文庫本」（『飯田瑞穂著作集四　古代史籍の研究下　古語拾遺他』前掲。初出一九八七年ｂ）
石井正敏「『古語拾遺』の識語について」（『日本歴史』四六二、一九八六年）
荊木美行「『古語拾遺』の成立」（皇學館大學史料編纂所報『史料』一三三、一九九四年）
太田正弘「真福寺本「古語拾遺」に就いて」（『神道及び神道史』三七・三八合併号、一九八二年）
加藤玄智校訂『古語拾遺』（岩波文庫、一九二九年。底本亮順本）
同「古語拾遺」（和田利彦編『上代日本文学講座四　作品研究篇』春陽堂、一九三三年）
鎌田純一「古語拾遺の改竄者は誰か」（『國學院大學日本文化研究所紀要』一一、一九六二年）
同「古語拾遺諸本概説」（『國學院大學日本文化研究所紀要』一三、一九六三年）
同「校本古語拾遺」（『國學院大學日本文化研究所紀要』一八、一九六六年）
同「古語拾遺諸本二系統の問題」（『神道大系』月報五六、一九八六年）
木田章義「二〇〇年ぶりの里帰り—宣賢自筆本『古語拾遺』」（京都大学図書館『静脩』四五・四、二〇〇九年）
倉野憲司「古語拾遺と高橋氏文」（『日本文学史三』三省堂、一九四三年）
鈴鹿三七「古語拾遺」（和田利彦編『上代日本文学講座五　書目提要篇』春陽堂、一九三八年）
同「卜部本古語拾遺解説」（吉田良兼・鈴鹿三七『卜部本古語拾遺』便利堂、一九四一年）
反町茂雄「二種の『古語拾遺』（重文）につけて」（『定本天理図書館の善本稀書』八木書店、一九八一年）
尊経閣文庫「元弘本古語拾遺解説」（『尊経閣叢刊　古語拾遺』前田育徳会、一九二六年）
財団法人前田育徳会尊経閣文庫『尊経閣善本影印集成三一　古語拾遺』（八木書店、二〇〇四年）、石上英一・月本雅幸解説
津田左右吉「古語拾遺の研究」（『津田左右吉全集二』岩波書店、一九六三年。初出一九五〇年）
天理図書館善本叢書和書之部編集委員会『天理図書館善本叢書和書之部一　古代史籍集』（天理大学出版部、一九七二年）、石崎正雄解題
徳田浄「古語拾遺に就いて」（『國學院雑誌』三二・一、一九二六年）
中西進「古語拾遺」「古語拾遺攷異」（『群書解題八　雑部』続群書類従完成会、一九六一年）
奈佐勝皐「古語拾遺攷異」（『群書類従』巻四百四十六、「古語拾遺」附属）
西宮一民校注『古語拾遺』（岩波文庫、一九八五年。底本嘉禄本）
同「古語拾遺の本質—その祭祀論」（『神道大系』月報五六、一九八六年）
溝口駒造「古語拾遺の書誌的考察」（『神道学雑誌』一八・一九、一九三五年・一九三六年）
宮澤俊雅「古語拾遺伝本系統考」（『北海道大学文学研究科紀要』一〇五、二〇〇一年）
宮地直一「嘉禄本 古語拾遺開題」（貴重図書複製会『嘉禄本古語拾遺複製』、一九四二年）
安田尚道・秋本吉徳校註『新撰日本古典文庫四　古語拾遺 高橋氏文』（現代思潮社、一九七六年）

【嘉禄本の奥書・勘物等翻刻】

※該当箇所の紙数は本来の紙数で示し、錯簡によって現状の紙数と異なるものは、現状の紙数を〈 〉で補った。

奥書

「　一見了
卜（花押）」

書写奥書

（奥書①-1　五二頁）
「嘉禄元年二月廿三日、以左京権大夫長倫朝臣本書写了。」

本奥書

（奥書①-2　五二頁）
「奥記云、保安五年閏二月四日丙申（ママ）、見合主計頭師遠（中原）朝臣本
了。猶有訛謬、尋訪証本、可決真偽。　吏部侍郎（藤原敦光）在判」

（奥書①-3　五二頁）
「与菅貢士読合了。」

校合奥書

（奥書①-4　五二頁）
「翌日挍点了。　祠部員外郎（兼直）（花押）」

（奥書①-5　五二頁）
「　比挍証本了。同廿六。」

（奥書①-6　五二頁）
「累祖相伝本、聊示霊異、輙難披閲。仍細々
為了見、以他本所書写也。
卜兼直　」（以上八行、第十七紙。本文と同筆）

披見奥書

（裏奥書1＝裏30　七四頁）

……（紙継目・継目裏兼凞花押）……

「嘉元四年八月廿一日、取目録訖。凡此書朝夕
所練習也。
祠ア員外郎卜兼夏」

（裏奥書2＝裏30　七四頁）
「延文元年丙申歳四月十七日、修補之、雖片時
不可出他処。仍余本一両所令用意
者也。
正四位上行神祇大副卜部兼豊」

（裏奥書3＝裏30　七四頁）
「応安第六之暦仲春十一之夕、重読合。
従四位上行左京権大夫卜部宿祢兼凞」（第十七紙紙背）

……（紙継目・継目裏兼凞花押）……

（奥書②　五二頁）
「至徳二年十月三日、重読合了。
内仙藉正四位上行神祇大副兼弾正大弼卜部朝臣（兼凞）（花押）」

（奥書③　五三頁）
「同三年六月二日、一見了。
従三位卜部朝臣兼凞
祓本縁」

（奥書④-1　五三頁）
「明徳元年後三月廿三日、抄出了。
侍従卜部朝臣（兼凞）（花押）」

（奥書④-2　五三頁）
「拾遺之官者、一巻之名也。有興事也。」

（奥書⑤-1～4　五四頁）
「為兼凞卿之兼敦子也。
兼直世々事、兼敦朝臣
徳開家吉也。
明徳二年同年二月十三日」

（奥書⑥　五四頁）
「応永三年六月二日、以累家之秘説授
兼敦了。　侍従卜ア朝臣（兼凞）（花押）」

（奥書⑦　五五頁）
「応安六年、兼煕授申　二条故殿下良―（御名）了。」

（奥書⑧　五五頁）
「応永二年十二月十四日、授大内左京大夫
入道義弘了。　卜兼煕　」

（継紙第一紙）

……………（紙継目・継目裏某花押）……………

（奥書⑨　五五頁）
「応永四年四月十五日、千度御祓勤修之中、此巻
読合之畢。
神祇大副兼治部卿右馬頭卜部朝臣兼敦」

（奥書⑩　五五頁）
「応永五年十月十七日、為御祈始千度御祓吉田社宝前修
中、此一巻読進了。
卜部兼敦」

（奥書⑪　五六頁）
「康正三年二月十三日、一見之訖。
正三位行兼侍従神祇権大副臣卜部朝臣兼名」

（奥書⑫　五六頁）
「文明元年六月廿七日、一見畢。
正四位上行神祇権大副兼侍従卜部朝臣兼倶」

（奥書⑬　五七頁）
「文明九年正月十二日、一見之訖。
蔵人神祇権少副卜部朝臣兼致」

（継紙第二紙）

……………（紙継目・継日裏某花押）……………

（奥書⑭　五八頁）
「永正十一年三月十九日、一見之畢。
神祇少副兼侍従卜部朝臣兼満」

（奥書⑮　五八頁）
「享保十八年六月十一日、一見訖。
従三位行侍従卜部朝臣兼雄」

（奥書⑯　五九頁）
「嘉永元年九月十三日、拝見訖。
従三位神祇権大副兼侍従卜部朝臣良芳」

（継紙第三紙）

頭書

（頭1　一一頁。『先代旧事本紀』巻二神祇本紀）
「旧事本紀曰／令二津咋見神（ツクヒミノヲ）一／種二殖穀木綿（ウエテカチノユフヲ）一／作（シム）二白和幣一復／令下二粟忌ア祖（アハノヲヤ）
／天日鷲神一造（シム）中／木綿上者」

（頭2　一二頁）
「古事記／ウスメ」　（第三紙〈第十一紙〉）

（頭3　一五頁）
「太玉命子」　（第四紙〈第十二紙〉）

（頭4　一七頁。『礼記』王制篇ほか）
「蒼生者黔首也／畜産謂治馬牛／等病其方散在／諸書鳥獣之災／如聴鵄鳴穣厭
／及野狐尽惑等／類昆虫之災王制／註曰昆明也明虫／得陽而生得陰而／蔵者
也其災如蝗／螟害苗及反鼻／螫人等類也」　（第五紙〈第三紙〉）

（頭5　一九頁）
「八尺八訓八阿多」　（第六紙〈第四紙〉）

（頭6　二三頁）
「猿女本縁事」

（頭7　二四頁。『日本書紀』神武天皇即位前紀戊午年六月丁巳条）
「日本紀云、／日臣命有／能導之功是／以改汝名為／道臣。」　（第七紙〈第五紙〉）

（頭8　二五頁）
「千木事」

（頭9　二七頁）
「殖二穀麻種（カチアサノタ子ヲ）一」　（第八紙〈第六紙〉）

（頭10　二七頁）
「安房国安房社為太玉命事」

（頭11　二九頁）
「鏡剣奉安正殿事」　（第九紙〈第七紙〉）

（頭12　三二頁）

「用熊鹿皮角布等祭神祇本縁事」　（第十紙〈第八紙〉）

（頭13　三三頁）

「以弓矢刀祭神祇事」　（第十一紙〈第九紙〉）

（頭14　三七頁）

「御躰御卜始事」　（第十二紙〈第二紙〉）

（頭15　四〇頁。『令義解』軍防令節刀条）

「軍防令曰／凱楽也（岳）／軍帰之時／献功之楽也」　（第十三紙）

（頭16　四五頁）

「御巫事」　（第十五紙）

裏書

（裏29　七二頁。『日本後紀』大同元年八月庚午条）

「大同元年七月（八）庚午、先是、中臣忌部両氏各有相訴。／中臣氏云、忌部者、本造幣帛、不申祠。然則不可以忌ア／氏為幣帛使。忌ア氏云、奉幣祈禱、是忌ア之職也。然則／以忌ア氏為幣帛使、以中臣氏可預祓使。彼此相論、各／有所処。是日　勅命、拠日本書紀、天照大〻閇磐戸之時、／中臣連遠祖天児〻〻〻、忌ア遠祖太玉命、掘天香山之／五百箇真坂樹、而上枝懸八坂瓊之五百箇御統玉、中／枝懸八咫鏡・青和幣・白和幣。相与致祈禱者。然則至／祈禱事、中臣忌ア並可相預。又神祇令云、其祈年月次／祭者、中臣宣祝詞、忌部班幣帛。践祚之日、中臣奏天神／寿詞、忌ア上神璽鏡剣。六月十二月晦日大祓者、中臣上御／祓麻、東西文部上祓刀。読祓詞訖、中臣宣祓詞。常祀之／外、須向諸社供幣者、皆取五位以上卜食者宛之。宜常祀／之外、奉幣之使。取用両氏、必当相半。自余之事、専依令／條。見日本後紀第十四。」　（第十七紙紙背）

……（紙継目）……

（裏28　七一頁）

「御歳明神献白猪等事」　（第十六紙紙背）

……（紙継目）……

（裏27　七一頁）

「蝗事」　（第十五紙紙背）

……（紙継目）……

（裏26　七〇頁）

「草薙剣在尾張国熱田宮事」　（第十三紙紙背）

……（紙継目）……

（裏25　七〇頁。『日本書紀』景行天皇四十年七月戊戌条）

「日本書景行天皇紀云、卌年秋七月癸未朔戊戌、天皇詔群卿曰、今東国不安、暴神／多起。亦蝦夷悉叛。遣誰人以平其乱。群臣皆不知誰遣使也云々。／冬十月壬子朔癸丑、日本武尊発路之。戊午、枉道拝伊勢神宮云々。」

（裏24　七〇頁。『日本書紀』垂仁天皇二十七年八月己卯条）

「日本書紀曰、垂仁天皇廿七年秋八月癸酉朔己卯、令祠官卜兵器為神幣。／吉之。故弓矢及横刀納諸神之社。仍更定神地、神戸以時祠之。蓋兵器祭神祇、始／興於是時也。」

（裏23　六九頁。『日本書紀』垂仁天皇二十五年三月丙申条）

「日本紀云、（垂仁天皇）廿五年三月丁亥朔丙申、離天〻大〻於豊耜姫命、託于倭姫命。／故随大神教、其祠立於伊勢国。因興斎宮于五十鈴川上。是謂磯宮云々。」　（第十一紙〈第九紙〉紙背）

……（紙継目）……

（裏22　六九頁。『日本書紀』崇神天皇六年条）

「日本書崇神天皇紀云、六年百姓流離、或有背叛、其勢難以徳治之。是以晨興夕惕、／請罪神祇。先是、天〻大〻、倭大国魂二神、並祭於天皇大殿之内。然畏其神勢共住／不安。故以天〻大神、託豊鍬入姫命、祭於笠縫邑云々。亦以日本大国魂神、託渟名城／入姫命令祭云々。」　（第十紙〈第八紙〉紙背）

……（紙継目）……

（裏21　六九頁）

「大殿祭事」

（裏20　六八頁）

「天璽鏡剣事」

（裏19　六八頁）

「八神殿事」

（裏18　六八頁。『延喜式』臨時祭式枠木条）

「延喜神祇式云、桙木千二百卌四竿、讃岐国十一月以前差綱丁進納。」

（裏17　六七頁。『延喜式』神名式安房国条）

「延喜神祇式云、安房国安房郡安房坐神社名社大月次新嘗」　（第九紙〈第七紙〉紙背）

……（紙継目）……

（裏16　六七頁。『延喜式』臨時祭式冨岐玉条）

「延喜神祇式曰、出雲国所進御冨岐玉六十連。三時大殿祭料卅六連。臨時廿四連。　毎年十月／以前令意宇郡神戸玉作氏造備。差使進上。」

（裏15　六七頁）

「皇居事　宮柱事」

（裏14　六六頁）

「八咫烏事」　（第八紙〈第六紙〉紙背）

……（紙継目）……

（裏13　六六頁）

「掃部之根源」　（第七紙〈第五紙〉紙背）

……（紙継目）……

（裏12　六六頁）

「神籬事」

（裏11　六五頁）

「神璽事」

（裏10　六五頁。『東宮切韻』もしくは『釈日本紀』所引「東宮切韻」）

「咫釈氏云、咫尺近也。孫伷云説文中婦人手長八寸謂之咫。周尺也。孫愐云賈逵云、八寸為咫。」

（裏9　六五頁）

「葦原瑞穂国」　（第六紙〈第四紙〉紙背）

……（紙継目）……

（裏8　六四頁）

「恩頼事」

（裏7　六四頁）

「草薙剣事」　（第五紙〈第三紙〉紙背）

……（紙継目）……

（裏6　六四頁）

「於茂志呂事」

（裏5　六三頁）

「注連之縁事」　（第四紙〈第十二紙〉紙背）

……（紙継目）……

（裏4　六三頁。『先代旧事本紀』巻二神祇本紀）

「旧事本紀云、天鈿売命以天香山之真坂樹為蘰云々」　（第三紙〈第十一紙〉紙背）

……（紙継目）……

（裏3　六三頁）

「入天石窟閇戸給事」

（裏2　六二頁）

「稚子之縁」　（第二紙〈第十紙〉紙背）

……（紙継目）……

（裏1　六二頁。『古語拾遺』伊勢本系一本）

「一本
天中所生神　名曰、天御中主神、其子有三男。長男高皇産霊神古語多賀美武須比。是為皇親神留伎尊。即、伴・佐伯等祖也。次、津速産霊神。是、為皇親神留弥尊。即、中臣朝臣等祖也。次、神皇産霊神此紀直祖也。其高皇霊神所生之女子名曰、栲幡千々姫命云々。」　（第一紙紙背）

『古語拾遺 嘉禄本・暦仁本』訓点解説

木田章義

諸本の依拠本文

以下の記述の中で、諸本に言及するときには、左の諸書の本文を用いる。

嘉禄本…本冊

暦仁本…本冊

宣賢本…京都大学附属図書館ホームページ。第一葉の表・裏を「一オ、一ウ」と表示。

龍門文庫本…奈良女子大学「阪本龍門文庫善本電子画像集」。所在表示は宣賢本に同じ。

梵舜本…國學院大學図書館のホームページ（貴979）。巻頭一葉を〇とし、序文から第一葉表・裏「一オ、一ウ」と表示。

亮順本…『尊経閣善本影印集成三一　古語拾遺』（八木書店、二〇〇四年）。所在表示は頁数。

一　嘉禄本

本文

本文は丁寧に書写されているようであるが、筆写に慣れていないためなのか、底本が分かりにくい字体であったのか、奇妙な字が多い。特有の書き癖もあり、読みにくい写本である。文字教育をしっかりと受けていない字体と思われ、字体からは時代が判断しにくい。

界線は広く、文字は横幅が広くならないように配慮したようで、文字の両側に余裕がある。初めから傍訓を書き込む準備をしていたのであろう。文字配りは一定せず、大字で十八文字が中心で、時に十七文字、十六文字の行がある。この字配りが底本のとおりなのか、書写の際に変更があったのかははっきりしないが、踊り字が行頭に来ている例があり（三七頁一行目。以下三七-一と表記する）、本来の字配りでないことが分かる。通常の写本は、同字が続いて行頭に踊り字が来るときには、同字を書く。逆に、行中で同字が続くときは踊り字を用いるのが普通で、「老少口口」（五-二）のように同字を二つ書くのは、元の写本では二つ目の「口」が行頭に来ていたためと思われる。それが正しければ、もとの写本は十五字一行であったことになる。行や文字数は、転写の間に変わることも多いので、嘉禄本の底本がそういう形態であったとまでは言えないだろう。

もう一つ四六-六の割注では「志止／ゞ鳥」のように踊り字が割注中の行頭に来ている。割注の中の踊り字についてはあまり注意してこなかったので、全てがそうであるとは断言できないのであるが、原則は同じはずで、これが本来の字配りではなかったと思われる。実際、この部分は、暦仁本では「志治女／鳥也」（一一三-四）とあって、声点が付いている。おそらくこの暦仁本の本文が一番本来に近いものであろう（亮順本では「志（？）止／女馬」〈二一四-七〉）。

同字を重ねるものは「千千」（七-五）、「種種」（二七-三）がある。「種種」は九-四では「種々」と踊り字を使っている。宣賢本ではこれらの同字重複は「口々」（一オ二）、「千々」（二オ二）、「種々」（一〇ウ八）となっている。宣賢本の書写態度から見ても、同字反復を踊り字に変えたのではないだろう。

墨の濃淡

本文と同じ程度の濃さの墨色を濃墨、明らかに薄い墨で書かれたものを淡墨、その中間の濃さのものを中墨と呼んでおく。本文にも薄い墨色のところがあり、例えば九-七の割注では「天罪」までは濃墨であるが、「者今中臣祓」は中墨、あるいは淡墨の濃さである。「八十万神」（一〇-四）の傍訓では、「ノ」「カミタチ」は濃墨であるが「ヤホヨロツ」は中墨のようにみえ、「ノ」の位置と対比すると、もとは「ノ」の訓だけであったところに、後から「ヤホヨロツ」を補ったように見える（同時に加えたものなら「ノ」を含んだ「ヤホヨロツノ」になる）。

濃墨、中墨、淡墨の区別には不明瞭なところが残るが、少なくとも明瞭な淡墨は区別して考えるのが良いだろう。たとえば、「祈禱」（一四-一）「日本紀説　マウシイノラシムル」などもかなり薄い淡墨である。後の補筆であるらしい。

もともと淡墨は偶然に薄くなったのではなく、他筆と区別するために意図的に薄くしたものと思われ、後補であること、あるいは他の文献からの補記であることを示そうとしたものかと思われる。

朱書も補筆であるが、多くは淡墨の後に補われたもののようで、淡墨を避けて書かれている。顕著なものは一五-一の割注「和」の右下に、最初に中墨「ス」、次に淡墨「シ」（合点が付いているので見にくい）があり、その下の朱書の「アマナハシ」は「和」に対する訓であるが、空間が無いために次の字「君」の横に書かれている。ここでは中墨、淡墨、朱筆の順番に書かれたことが分かる。しかし一九-四「天」には朱筆で「夫歟」、その右に中墨「一本猶天字也」がある。朱筆が先で、中墨が後である。このように場所によっては順番が異なる場所があるが、基本的には、濃墨—淡墨—朱墨とみて良いであろう。中墨は判定が難しいという問題もあり、それぞれの部分で検討する必要がある。

なお、これらの墨の濃淡は、嘉禄本を写した諸本では区別されていない。

右訓と左訓

右訓と左訓は量的にかなり差がある。右訓約一三〇〇、左訓約二八〇で、右訓が中心のようである。六頁三行目をみると、右訓が「ハジメニ・タリ・ウ（ム）、ス」のように、通常の漢文訓読の読み方で、左訓に「アメツチヒラクル・ソノカミ・ハシラノ・ミトノマクハヒシ・ヲホヤシマノクニノツチ……」があり、左訓に伝統的な書紀古訓が記載される傾向がある。また左右が同訓の場合もあり（一二-三「トリカケ」）、左右訓の関係も各部分での検討が必要であろう。右訓が中心と思われるが、右訓にも後に補われたものが入っているようである。先後は厳密には区分できないとしても、それぞれの箇所で、ある程度の前後関係や典拠などを推察することができるであろう。

朱点

朱点はヲコト点、句読点に使用されている。

ヲコト点

ヲコト点は、漢文を訓読するときに、補読すべき助詞や助動詞を、漢字の周囲に点を付けて表すものである。左の「ヲコト点図」のように、漢字の左上に朱点があれば、助詞や副詞語尾「に」を表し、右上にあれば「を」を表す。仮名で書くよりも簡略であり、版面を汚さずにすむので、平安朝初期から使用されてきた方式である。

【ヲコト点図】

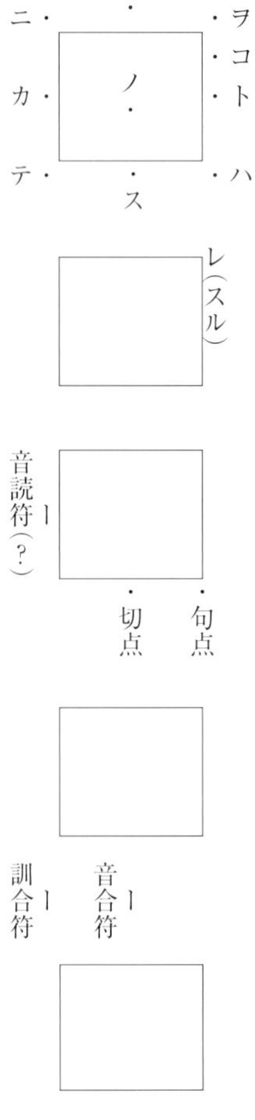

このヲコト点の体系は、博士家が用いた形式である。「博士家点」とも「古紀伝点」と呼ばれる（ヲコト点は仏家から始まり、各寺院・各宗派特有の体系を持っていた。その中から博士家点も生まれた）。

五-四「不好談古」では、「不好」は「好まず」と読むことが明らかなためか点が付いていない。「談」には右上に墨点「レ」（する）、右上に朱点（を）、その少し下に朱点（こと）がついている。さらに左に墨の棒線が付いている（音読符らしい）。これで「談(ダン)-ずる-こと-を」と読めることになる。ヲコト点が複数付いているときには、その順番は推定して読む。この場合は「談をすること」と読むことも可能ではあるが、日本語として不自然である。次の「古」字には右上に朱点（「を」）があるので「古を」と読む。「古」には音読符が付いていないので、おそらく「いにしへ」と読むのであろう。右下の朱点は句点である。従って「不好談古」は「いにしへをダンずることをこのまず。」と読めるのである。一般的に、鎌倉時代になると、ヲコト点よりも仮名点（仮名による読み方指示）の方が普通になっており、ヲコト点も基本的な助詞の体系を使用し、他の複雑な点は使わなくなっている。

朱点のもう一つの用法は句読点である。漢字の真下のものは読点に相当し、「切点」と呼ばれ、漢字の右下にあるものが「句点」である。五-三「蓋聞」「上古之世」の下の朱点は切点、「文字」の右下の朱点が句点である。ヲコト点と紛らわしいが、ヲコト点は漢字に接するように付されており、句読点は少し離れている。

漢字の右上にヲコト点があれば、上に動詞があって、その目的語となっていることが分かり、左上に朱点があれば、その漢字が場所や副詞を表す語であることが分かる。句読点を併せて訓読が容易になるのである。その他、一二点、上下点、レ点なども付けられて、本文の訓読がより正確に復元できるようになっている。

墨点

墨点には星点（・）、圏点（○）、線点（ー）がある。「星点」は多くの場合、傍訓のアクセントを示す（六-三「イサナキ」）。「圏点」は漢字の声調を表しているものが多いが（七-四「栲幡千千姫」）、万葉仮名に付けられて日本語のアクセントを表すものもある（九-四「阿波那知」）。傍訓仮名に付けられたものもあるが（二五-二「ムタ」）、星点との違いははっきりしない。「線点」は漢字についたものは漢字の声調（一四-四「手力」）、万葉仮名のものは日本語アクセントを示す（二〇-四「比茂侶伎」）。

普通は墨で書かれる符号が朱になっていたりするが（七-三「多賀美武須比」）、典拠となったものの違いなのか、他の理由があるのか、それぞれについて検討してゆく必要がある。

熟合符

漢字と漢字の間の短い縦線は熟語であることを示している。中央にあれば音読し（音合符）、左寄りに付いている場合には訓読する（訓合符）。五-四「前言」は中央の熟合符なので、音読して「せんげん」と読むことを示し、五行目の「競興」は左寄りであるから「きほひおこる」と訓読することを示す。ただ、六-三「開闢」には、音合符があるから「カイビヤク」と読むはずであるが、左訓に「アメツチヒラクル」とあるので訓読もしたようである（後述）。

合点

訓が複数ある場合に、どの訓を採るべきかを指示するのが合点である。本書では＼で示される。七-一「退去」には右訓「カムサリマス」（淡墨）と左訓「カムサカリヌヘシ」（濃墨）があり、右訓に合点が付いており、こちらの訓を採用すべきことを示している。この合点も元の写本にあったものか、卜部家にもたらされた後で付けられたものかは分からない。

声点

万葉仮名・片仮名についたもの

本文の万葉仮名書きの部分と片仮名傍訓に付けられた声点は、左のような原理で日本語のアクセントを表している。

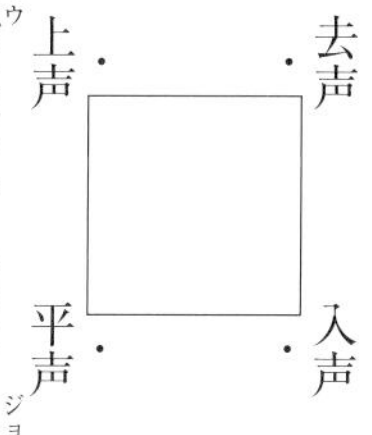

平声が低い音（○）、上声が高い音（●）を表し、去声は低から高へ上昇する音（◓あるいは○●）である。入声は中国語では、高低よりも、その漢字が、-p、-t、-kで終わる音形を持つことを示す（「甲」kap、「割」kat、「画」kak）。日本語に使用されることはほとんどないが、促音表示に用いられたことがある。本書には出てこない。去声も稀で、本書では九-五「斐」の一例だけである（「樋」の意味で、○●のアクセントであったと思われる）。

また声点と一緒に表されることの多い濁点は、本書では「和可古」（九-二）一例だけである。

漢字についたもの

漢字の四隅に付けられた圏点（○）や線点（ー）は、漢字の声調（四声）を表す。日本漢字音は大きく分けると二種類あり、一つは唐代に遣唐使達がもたらした当時の現代中国語で、「漢音」と呼ばれる。もう一つは、漢音以前に日本に到来していた漢字音で、「呉音」と称される。朝廷では漢音を奨励したが、仏教界にはすでに呉音が浸透していたので、漢音に変更できなかった。それで、朝廷では漢音、仏教では呉音を用いるという習慣ができ、現在にまで到っている。日本漢字音では、厳密に対応するのではないが、便宜的に、『広韻』の体系に合う音を漢音（日本漢音）とし、「法華経」読誦音に合う音を呉音（日本呉音）とする。

本書に付された声点を見ると、漢音とも呉音とも言えないようである。例えば五-三「上古」には「去声・上声」の線点が付いている。漢音の「去声・

上声」に合う。その下の「文字」は「上声・平声」であるが、漢音「平声・去声」、呉音「去声・平声」なので、漢音とも呉音とも異なる（呉音では上声と去声の区別が曖昧であったらしいのでどちらかと言えば呉音に近い）。次の「貴賤」（平・平）も漢音「去・去」、呉音「平・去」でどちらにも合わないが、上字は呉音に一致する。「老少」（平・平）は、漢音「上・去」、呉音「平・平」で呉音に一致する。

このような音読語は、主として初めの序文と終わりの跋に相当する部分で使用され、内容を伝える本文では訓読が主体となっている。

音読・訓読の問題

『古語拾遺』は朝廷に提出されたものであったから、もとは傍訓などは付いておらず、漢文として読まれたと思われる。『古語拾遺』が巷間で書写され、博士家でも読まれるようになったとき、朝廷の人物なら漢音を用いて、漢文訓読式の訓読をしただろう。それが顕著に残っているのが序と跋の部分である。しかしその描かれたのが『日本書紀』の神代の時代であり、『日本書紀』の内容を要約した部分もあるので、『日本書紀』の古訓を当てはめて読むこともできた。何よりも神名は「太玉命」を「タイギョクメイ」と読んでいては分かりにくい。やはり「ふとだまのみこと」と読まなければ、理解しにくいだろう。そのような固有名詞が多いこともあって、書紀古訓式読み方に替わっていったのであろう。その結果、漢文式訓読と書紀古訓的訓読の両方が記録され、音読もし、訓読もしているように見えるところが出てきているとみられる。先述の「開闢」もそうであるが、六-三「夫婦」でも音読の熟合符があり、「タリ」が補記されているので、「夫婦タリ」と読んだことを示している。しかし左訓に「ミトノマクハヒシ（交合し）」という書紀古訓も付されているので、物語風に読むこともできたのである。

六-五「哭泣」には訓合符がついているので、訓読するはずであるが、「哭き泣く」と読んでいたのか、それとも左訓にある書紀古訓のように「なきいさつる」と読んでいたのかは明瞭ではない。素戔嗚尊がひたすら泣き続けたという逸話は当時の人々にとっては常識に近いことで、その泣き方は「なきいさちる（古くは下一段活用）」と表現するということも知られていたことであろう。そうすると初めから、訓合符は「なきいさちる（いさつる）」と読むことを前提に付したということも考えられるのである。漢文訓読をしたとしても、どんな訓を用いたのかは再検討の必要がある。

書紀古訓

本書の傍訓に採用されている書紀古訓は、『日本書紀』漢文の背後にあった、伝承されてきた物語の日本語の表現を記録したものである。『日本書紀』が完成した翌年から、朝廷内で太政官を集め、大々的に『日本書紀』の講筵を開いており、承平六年（九三六）まで、六回行われている。そこでは意訳に近い訓読が行われたらしく、『日本書紀』本文や『日本紀私記』にその記録が残されている。漢文の意味とはかなり離れた訓読がなされたため、漢学者達が盛んに異議を唱えている様子が、『日本紀私記』に描かれている。朝廷内では、少なくとも、平安中期までは書紀古訓は耳慣れないものではなかったであろう。とくに学者の家で『日本書紀』を読んでいたことは、『日本書紀』に多くの大江家の読み方が残されていることでも分かる。(1) 描かれた世界が『日本書紀』と重なれば、書紀古訓式の読み方をしようとするのも自然なことである。

仮名字体

傍訓に用いられた片仮名には現代と異なるものがある。本書で用いられた仮名字体は左のようなものである。

【「嘉禄本」仮名字体表】

あ	か	さ	た	な
ア	カ（リ）	セ サ	タ	ナ
い	き	し	ち	に
イ	キ	乚	チ	ニ 尔
う	く	す	つ	ぬ
ウ	ク	ス 爪	川	ヌ
え	け	せ	て	ね
エ ヱ	ケ	せ	テ	子 ネ
お	こ	そ	と	の
ヲ お	コ（マ）	ソ	ト	ノ

は	ハ	ひ	ヒ	ふ	フ	へ	ヘ	ほ	ホ
ま	丅	み	ア ミ	む	ム	め	メ	も	モ
や	ヤ			ゆ	ユ	江	エ	よ	ヨ
ら	ラ	り	リ	る	ル	れ	レ	ろ	ロ ろ
わ	ワ 禾	ゐ	ヰ			ゑ	ヱ エ	を	ヲ ヲ
ん	ン	踊字	丶 〱	訓字	玉、心 河内、給				

　基本的には一音節一字母であるが、幾つかは複数の字母の仮名を用いている。濃墨でも淡墨でも同じ字体が使用されているので、淡墨の補記も濃墨と時代が隔たったものではなさそうである。その中で注意すべきものは「み」と「さ」の字体である。本書では「見」の草体の一部を利用する「ア」が多いが、「ア(あ)」と紛らわしい。九-一「アメアヲヤ」を見れば、「あ」と「み」の字体の違いが見えるが、分かりにくい。「さ」も嘉禄の頃は「サ」を用いることが多かったはずであるが、本書では「左」の草体の一部「七」を用いている。「七(さ)」と「ア(み)」とは平安朝初期から訓点本(訓読を記録した資料)で使用されている文字であるが、漢籍の訓読に用いられた「古紀伝点」では常用の仮名であった。本書が博士家で読まれていたことを示し、ヲコト点図が博士家所用のものであったことと符号する。本叢書の乾元本『日本書紀』でもこの字体が中心であり、日本書紀のその他の「サ」「ミ」を用いる写本でも、ほとんどの場合、この字体が若干ながら使用されている。

仮名遣い

「ハ行転呼音」　ハ行音はF音であったが、語中・語尾のハ行音がワ行音、ア行音に替わって行く現象を「ハ行転呼音」と呼ぶ。「思ふ」が「思う」、「思ひ」が「思ゐ」、あるいは「思い」に変化する現象である(Fがwに変化して、それからア行に替わるという過程を経る)。これは平安初期から一部の語彙に見られるが、増えてくるのは十一世紀初頭で、写本の年代を判断するときの一つの基準とされる。ただ、全てのハ行音に一気に生じるのではなく、語彙的な偏りがあるので、確実な根拠にはならないこともある。本書の仮名遣いでは多くはないが、一一-七「チヰサキ」(本来は「チヒサキ」)、一二-六「ユヘ(故)」(本来は「ユヱ」。二二-三に「ユヱ」がある)、二七-一「ウヘ(殖)」(本来は「ウヱ」)、四六-四「ミアエ」(本来は「ミアヘ」)などがある。「ヒ、ヰ」、「ヘ、ヱ」の混乱が多いようなので、院政期から鎌倉時代よりも少し前の仮名遣いとみてよいのであろう。一三-六「ウルワシ」については、古くから「ウルハシ」「ウルワシ」の両形があり、語彙的(個別的)な交代とされる。

　ア行「オ」とワ行「ヲ」の仮名遣いが混乱する現象を「語頭のオヲの混乱」と呼び、やはり写本の年代の判断に利用する。だいたい十一世紀初めには同音になっていたと推定されている[2]。本書では「オ」は一例(四二-六「お」)を除いて使われず、全て「ヲ」である。つまり「オ」と「ヲ」は区別されていない。従って十世紀には遡ることはなさそうである。

　こういう仮名遣いからは、傍訓は十一世紀頃の仮名遣いとみて良いかと思われる。ちなみに、ア行「エ」とヤ行「𛀀」の区別は無くなっているので、十世紀以前のものではないことは間違いない。

語彙

促音便

「ノトコト(祝詞)」(二九-四右訓、三〇-七右訓)がある。ノリトコトの「リ」の母音が脱落して「ノット」となっているのであるが、促音表記のための文字がなかったので、無表記になっている(「ッ」表記は室町時代から使用されるが、特殊な場合に限られる)。「ヲモタマハク(謂)」(一四-三右訓)は「おもひたまはく」の「ひ」の促音便の無表記かもしれない。撥音便である可能性もある(「ひ」の後ろが「た(ta)」であるので、促音便の可能性の方が高い)。一方、「サリマツヌ(奉避)」(一八-七右訓)があるが、これは「サリマシヌ」の誤写なのかもしれない(宣賢本でも「ツ」である〈七オ一〉)。もし「ツ」が誤写でないなら、撥音便を表しているのかもしれない(後ろが鼻音の「ぬ(nu)」であるから促音は来ない)。

撥音便

「ウムマセリ」(一八・二右訓)は「うみませり」の「み」が撥音化したものを「ム」で表記したものである。「フムタ」(三九・四右訓)は「ふみいた(文板)→ふみた」から「ふんだ」に変化したものとすれば、撥音便であろう。「ヲムノ」(二四・四左訓)は「おみの(臣の)」であるから、撥音便である。撥音便についても古くは専用の仮名はなく、漢文訓読の場では「ム」や「ウ」、あるいは「レ」のような符号で代用されていた。「ン」が使われるのは鎌倉時代以降である。古くは無表記のことが多く、平安時代の平仮名資料で、「あンめり(あるめり)」が「あめり」と表記されるのも撥音の無表記である。

イ音便

「アラハニタイテ」(二二・二右訓)は「(露わに)出して」のイ音便。「ウケツイテ(承)」(二三・六右訓)、「ヲホイナルアタ(兇渠)」(二四・五左訓)などもある。

ウ音便

「マウヲモムケリ(帰化)」(三五・三左訓)は「まゐ」が「マウ」となっている。

バマ相通

「ヒホ(ボ)ロキ(神籬)」(二〇・四右訓、二八・四右訓)は、本文割注の万葉仮名では「比茂侶伎(ひもろぎ)」(二〇・四)と書かれている。「シリクヘ(ベ)ナハ(綱)」(一四・五)は万葉仮名では「斯利久迷縄(しりくめなわ)」(一四・六)となっている。記紀では万葉仮名形の方が普通であり、それが本来の形とされる。このようなバ行とマ行が交替する現象を「バマ相通」と呼び、奈良時代から見られるが、平安朝に多くなる現象である。

特殊な語彙

記紀以外に、神代の世界を語る文献はほとんどないので、古語としてあげられている語彙や歌なども、多くは無いが、貴重な資料となる。傍訓の中にも、珍しい語彙、表現が見られる。

大蛇を表す「ハハ」という語は他の文献には出てこない(本書では一六・四「羽(ハ)」と誤写されている)。『古事記』・『日本書紀』で、天若日子に与えられた「天のハハ矢」などもこの「ハハ」と関係しているのかもしれないし、『古事記』の「天之尾羽張(ヲハバリ)」(剱名)なども考慮してもよいかもしれない(『古語拾遺』の「ハハ」は「ハハ」を表しているのか「ハバ」なのか分からない)。

「ヲハセカタ」(四七・四)も他に見られない語彙で、男根を表すらしい。道祖神に男根をかたどったものがあるのはこのような伝承に基づくものなのかもしれない。

「サネコシノ　ネコシニネコシ(掘)」(一二・二)、「サネコシネコシニスル(掘)」(四二・五)なども分析してみる価値がある。『古事記』では「ねこじにこじて」、書紀古訓は「ネコジ」、暦仁本は「ネコジノサネコジスルニ」(一〇八・七)。

万葉仮名表記語

万葉仮名表記されたものは多くはない。歌謡二首と三七項目である。上代特殊仮名遣が関係する音節は、一種類の仮名が多く、甲類乙類が対立している文字があるのは「こ・ひ」であるが、甲類「古」と乙類「居・許」、甲類「比」と乙類「斐」で、これは特殊仮名遣に合っている。「こ」については上代特殊仮名遣が守られているとみてよいだろう。「ひ乙類」は「斐」(九・五)の一例のみであり、しかも去声で、長い一音節語であったと思われ、「ひ」については保留しておくのがよさそうである。「こ」の甲類、乙類だけが守られているという状況は、平安初期の資料によく見られ、斎部広成の頃の仮名遣として自然である。

アクセント

嘉禄本のアクセント表示は多くはない。万葉仮名では二八項目、傍訓では三五項目ほどである。万葉仮名で表記された語も、傍訓のものも、アクセント表示された書紀古訓に対照できるものが少なく、全体が一致するのは「さばへ(五月蝿)」(○○●)くらいである。万葉仮名表記語と傍訓のアクセントが重複する三例(「あはなち」〈九・四〉)、「みほき」(二六・五)、「さなき」(一二・二)はアクセントが一致しているので、声点もある程度の正確さで写されていることが分かる。ただし「さなき」は「●○●」(一二・二)と「●○○」(一三・二)の両形がある。●○●のように高い部分(●)が二箇所あると、通常は二語が並んでいると解釈する（●+○●か●○+●）。少なくとも平安朝以降のアクセントならば、高い部分は一箇所である。しかし、このような形は、○○●型が●○○型に変化するときに、一時、経過する形で、南北朝頃に起った変化といわれる[3]。アクセント・声点については、鈴木豊氏の論文に詳しいので、参照されたい[4]。

宣命書

古代では漢文（和化漢文を含む）が文章の基本であったが、「宣命書」という表記法もあった。漢字を日本語の語順に並べ、助詞・助動詞や送り仮名に相当する部分を小書きする方法である。二五-五「高天乃原尓搏風高之利」のような表記法で、宣命や祝詞のような口頭で述べる文章に用いられた。この表記法は奈良時代からあり、現代の神社のお祓いの文にまで受け継がれている。

諸本の問題

『古語拾遺』の諸本は、山本崇氏の解題に述べられているように、冒頭の神々の系譜に違いがある。嘉禄本は、「天御中主神―高皇産神―神産霊神」の順に産まれたとするのに対し、伊勢本系諸本では、まず、「天御中主神」が生まれ、その子供に「高皇産霊神、津速産霊神、神産霊神」の三子が居たとするのである。この異なった部分をここでは「当該部分」と呼ぶことにする。

『日本書紀』に拠って、本文の系譜を採れば「国常立尊―国狭槌尊―豊斟渟尊」の順に生まれてくることになるが、『古語拾遺』は、『古事記』と同じ系譜を説く第四の一書の伝承を採用したようである。それはおそらく斎部氏の伝承と一致したからであろう。伊勢本の系譜は記紀には見られないこともあって、伊勢本系に改竄があったとする立場が有力である。大伴氏が「伴」と表記されているのが弘仁十四年（八二三）以降の知識に基づいていることや三人の子供の「其子有三男」という並列表記法が当時のものとして不自然であるという点も根拠として挙げられている[5]。

伊勢本の当該部分の高皇産霊神に対する割注は「皇親神后弥伎尊」とあり、「弥」「伎」が重複しているので、上の「后」を含めて誤写があることが明らかである。そして「尊」字を用いるが、『日本書紀』に「至貴曰尊、其餘曰命」というように、特に貴い神には「尊」、それ以外は「命」と書き分けている。『古語拾遺』では、通常は「命」を使用し、特に、高皇産霊、天孫、日本武（倭武）に「尊」を用いている。ここは「高皇産霊神」に関する称号であるから「尊」を使う可能性は残るが、神留伎・神留弥のような名称に「尊」を書くのはふさわしくないし、神留弥命と対応していないので（嘉禄本は「神留伎命・神留弥命」と対応している）、伊勢本改竄説に有利である。「長男」という表記法も、記紀には無く、文献上は『文徳実録』（八七九年編）が初出例かと思われる。また鎌田氏の指摘する「有三男」の表記法も古代の系譜の中ならば「生三男」とか「有～、次～」の形式であろうが、『日本後紀』（八四〇年編）には出てくるようなので、あり得ないとは言えないようである。しかし総じて新しい感じはする。

大伴氏の始祖伝は当該部分を除くと、

①「天忍日命大伴宿祢祖也」（七-五、亮順本一六一頁）
②「大伴遠祖天忍日命」（二一-三、亮順本一八〇頁）
③「大伴氏遠祖日臣命」（「日臣」は天忍日命の後裔）（二四-四、亮順本一八四頁）

と三度も言及されている。②、③は『日本書紀』を典拠としている部分であり、そこの祖先記事をそのまま引き継いだものであろう。『古語拾遺』の記事とすれば、①が残る。ところが伊勢本はその前に当該部分があり、重複していることになる。同時に当該部分の書き方は「天忍日命」を介在させず、高皇産霊に大伴氏を直結させる祖先表示になっているのも異例である。この割注の部分の改竄はほぼ間違いないと思われるのである。しかし割注が改竄されていたとしても、系譜まで改竄されていたとは言えないことに注意する必要がある。また、改竄された可能性の高い当該部分にある佐伯氏や紀氏は嘉禄本には出てこないし、嘉禄本の当該部分を見ると、中臣氏の始祖伝だけしかないのも奇妙なことである。記紀でも中臣氏の祖先は天忍日命であるとは記述されているが、天忍日命が神産霊神の子孫であるとは書かれていない。嘉禄本の既述を信じれば中臣氏の始祖は天孫・天津彦尊の大叔父に当たり、大伴氏や斎部氏の祖先神の叔父になる。かなり厚かましい系譜である。伊勢本のように、大伴・佐伯氏の始祖（高皇産霊）の弟（津速産霊）を中臣氏の始祖とする方が穏当であり、この形の系譜は『先代旧事本紀』とほぼ同じであるし、吉田家の家説でも津速産霊は天御中主神の三男という系譜を採用している。津速産霊神は記紀には出てこないが、少なくとも平安時代以降の神道家では重要な神としての位置を占めているのである。加藤玄智『古語拾遺校本』[6]が伊勢本の系譜を採用しているということも故のないことではない。伊勢本の割注だけでなく、嘉禄本の割注などにも加筆や修正の手が入っていないのか、考えて見る必要があるだろう。

宣賢本

卜部系諸本はほとんどが嘉禄本の嘉禄元年（一二二五）の奥書が写されており、嘉禄本の転写本ばかりであることは明らかである。それらの写本どうしでは、傍訓もその位置も基本的には同じである。ただし細部を検討してゆくと、現存嘉禄本の転写とは思えない写本もある。たとえば宣賢本である。

「宣賢本」というのは清原宣賢（一四七五—一五五〇）が写した古語拾遺で、近年になって発見された写本である[7]。半葉八行、一行十六字詰めである。丁寧に写されており、宣賢が自分で補ったところは水色の墨で書いて、紛れないようにしている。嘉禄元年の兼直の奥書が写されているので、嘉禄本を写したものであることは間違いないが、細部を見て行くと、現存嘉禄本を写したものとは思えない違いが出てくる。たとえば序文の末尾六・二「上聞」を宣賢本では「上問」と書写し、左に「聞歟示」と注記がある（この「示」は異本の名称かと思われるが、未詳）。宣賢は「上聞」とあるべき所ということは分かっていたはずで、「聞」と書いてあるのを「問」と誤写して、敢えて「聞歟」という注記を加えることは考えにくい。宣賢の見た嘉禄本が「上問」と書かれていたのであろう。嘉禄本「狭」（二二・五）には横に「猨」の訂正本文、その横に「サル」の傍訓がある。宣賢本では本文「猿」（八ウ五）で右に「猿歟」「猨同示」とある。宣賢の見た本は「狭」という文字ではなかったのである。もし分かりにくい字であったとしても、「猿田彦」であることは明瞭なので、訂正して写すならば、「猿」とは写さないはずである。宣賢の見たのは「猿」と書かれた本文だったはずである。このような細かな違いが少なくない。

宣賢は、室町時代後期を代表する学者であり、儒典を中心に大量の書写を行い、校本、証本を作成している。書写や校本作りに年季を積んでおり、その写本の信頼性には定評がある。宣賢本によって宣賢の見た嘉禄本が標本のようにほぼ固定化されているとみて良い。ただ、この宣賢本は署名もなく、奥書もないために、何時頃の写本かははっきりしない。宣賢のこれほどのびのびとした筆致のものは他にはないため、書体からの判定も難しい。

宣賢は吉田神道中興の祖・吉田兼倶の三男であり、清原家の養子となり、清原家を継いだ。その宣賢の次男は十歳で吉田家に養子に行き（一五二五年）、吉田兼右として吉田家を継いだ。吉田家とは関係が深い。天理図書館蔵『日本書紀抄』の中巻奥書に（『天理図書館善本叢書二七』三四四頁。以下、史料の引用に際しては、私に句読点を施した）、

先年、雖令抄出為譲与(吉田社預)竹鶴丸(愚息也)、重加琢磨書之、同文字読清濁、以朱指声訖、卜氏秘説、不違背一句、於纂疏私書加之、為子孫亀鏡、輙勿出函底矣

大永六年（一五二六）四月二日終上巻功　侍従三位清原宣賢「東」（墨角印）

とあり、兼右に吉田家当主としての見識を持たせようと努力をしている姿が見える。宣賢本もこの頃のものなのかもしれない。ただし、宣賢の神道研究は兼右の生まれる前から行われており（天理図書館蔵『日本書紀纂疏』を写したのは一五一一年）、必ずしも兼右と関係させる必要はないかもしれない。『日本書紀抄』では、先ほど触れた大蛇の古語が「ハハ」であるという部分を引用し、更に「大虵(ハハ)江同之」と、大江家の読みも同じであることまで注記している（引用文自体は『日本書紀纂疏』に基づいている可能性が高いが、注記は宣賢かと思われる）。書いたことを全て覚えているとは限らないが、このような珍しい古語を引用し、大江家の訓まで確認していれば、大蛇の古語が「ハハ」であることは覚えている可能性は高く、覚えていれば、何らかの注記を加えたのではないかと思われる。そうなれば宣賢本は『日本書紀抄』（一五二六年）以前の書写ということになる。永正十一年（一五一四）の兼満の奥書があるので、それ以降、一五二六年の間の書写という可能性が高くなる。

水色の墨が確かに宣賢の読解による補記とみることが正しければ、宣賢本は宣賢が自分の研究のために写した本であったと見ることができるだろう。署名・奥書が無いことはそれで説明はつく。

龍門文庫本は、宣賢本と同じ半葉八行、十六字詰で、本文、傍訓、奥書もほぼ同じで、宣賢本を写したのではないかと思われるほどであるが、本文の細部を比べると、宣賢本を写したものではないことが分かる。宣賢本と龍門文庫本の元になった現存嘉禄本とは異なった嘉禄本が存在していたと見るしかないだろう。

梵舜本

梵舜は吉田兼右の息子であるから、清原宣賢の孫に当たる。梵舜も嘉禄本を写している。國學院大學蔵「梵舜本」である。冊子本で、半葉七行であるが、字詰めは現存嘉禄本に一致している。本文もほとんど同じであるが、校異を本文に反映させたり、傍訓に誤写、意改などがある。特に、内容の見出し（一五頁の「太玉命子」、二七頁の「猨女本縁事」のようなもの）は嘉禄本とかなり異なっている。しかし多くは宣賢本に一致しているので、宣賢の見た嘉禄本にも書かれていたものである。

注意すべきは、梵舜本の冒頭にある「延暦廿二年」に始まる注記と兼文、兼直の注記である。現存嘉禄本にはこの注記はないが、現存嘉禄本の巻初の右下に「兼直」の署名の半分が残っている。その前に紙が継がれていたのが離れてしまったことが明らかなので、その離れた一紙に、梵舜本冒頭の注記が書かれていたと想定されている。(8) もしそれが正しければ、宣賢と梵舜の間の時期に、離れていた第一紙が発見され、継ぎ直されたということかもしれない。

しかし、さらに重要なことは、梵舜本の奥書の最後に（文明元年の兼倶の奥書の後に）、

文明十九年二月上旬、課或人書写焉

同五月廿五日、為備後代之証本、以累家之秘説、加朱墨、両点読合之畢（兼致）

同六月十一日、加首書訖

の三項があることである。奥書に関しては、山本氏の解題の12頁の番号に従えば、嘉禄本の①・2、3、⑤-1~4、⑬⑭の識語がない（江戸時代の識語は無いのは当然なので省く）。嘉禄本がこの文明十九年以下の識語を省略することも、その内容をみれば考えにくく、梵舜が識語を省略したり、別の本から補ったと見ることも難しいだろう。梵舜の写した嘉禄本は兼致が「累家之秘説」を加えた本を写したことになる。つまり、現存嘉禄本とは違ったものであった可能性がある。見出しが現存嘉禄本に一致しないことを含めて考えれば、現存嘉禄本とは異なった本を写していると見る方が良いだろう。

梵舜が見たのが、現存嘉禄本ではなかったとすれば、嘉禄元年の奥書のある嘉禄本には、現存嘉禄本（本書）、宣賢本の底本、梵舜本の底本の三種類があったことになる。本の性格を見極めることは文献学・書誌学の基本であり、資料として利用する時には必須の分析である。

現存嘉禄本では、兼熙が落書きのような識語を書き付けているが（五四頁）、これは現存嘉禄本が証本のような性格のものではないという意識が感じられる。様々な写本から情報を集積するための暫定的写本であったのかもしれない。落書きのような識語を書いている兼熙は、吉田家の中興の祖とも言われ、卜部家で初めて従三位に叙された人物で、そんなに粗忽な性格でもなさそうである。吉田に家名を代えたのも彼である。『兼熙卿記』を残している。現存嘉禄本を大切なものと認識し始めたのは、奥書の文字から見て、兼敦（五五頁）くらいからではないか。

兼夏・兼豊・兼熙の三人の識語（七四頁、裏奥書1・2・3）は、現存嘉禄本の本紙部分の紙背に書かれている。五二頁までが本紙で、その後に紙が継がれて更に奥書が続いている。この紙背の奥書が、梵舜本では表にある（宣賢本でも同じ）。書写の際に、紙背にある奥書が、本紙の表の奥書の次に続くものであることに気付けば、表に書き移すことはあり得ることである。ただし、宣賢本では裏の応安六年（一三九九）の兼熙の奥書がない。しかし、表の奥書には、同じ応安六年に兼熙が二条良基に講義をしたという識語があるので、同じ応安六年の識語が裏と表にあり、裏の識語は宣賢本にないという状況である。表の応安六年の識語も、応永三年（一三九六）と応永二年（一三九五）の間に挟まれている。つまり、一三九六年、一三七三年、一三九五年のように順番が狂っている。かなり複雑な様相を呈している。これらの識語の有無や順番の狂いの問題はまだ十分に検討されておらず、現存嘉禄本そのものや卜部家諸本、伊勢本諸本についての研究にはまだ細部に多くの問題を抱えていることが分かる。

具体的な諸本の類似と相違

諸本がどの程度の類似と相違があるかを具体的に例示すると、以下のようになる。

嘉禄本（四六・三〜五）

昔在神代 大地主神 営田之日 以牛完食田人 于時 御歳神之子 可至於其田 唾饗 而還以 状 告 父

梵舜本（一九ウ四）

昔在神代 大地主神 営田之日 以牛完食田人 于時 御歳神之子 可至於其田 唾 饗 而還以 状 告 父

宣賢本（一九ウ三）

昔在神代 大地主神 営田之日 以牛完食田人 于時御歳神之子 可（一本無） 至於其田 唾 饗 而還以 状 告 父

三本とも訓のある場所、訓の形がよく似ている。特に「ハイカケ」というイ音便形を採っていることも共通している。しかし宣賢本には「田人」に訓がなく、「可」には「一本無」とある（龍門文庫本も同じ）。

伊勢本系諸本は、三本とも金沢称名寺と関係が深く、おそらく剣阿の持っていた本の写しではないかと言われている(9)。実際には本文、訓も共通したものが多く、もとは一つの写本であったと見ても良いようである。ただ少しずつ違いがあり、現存本の一つが元本であるとは言えないようで、何らかの識見があって、変改したところもあるようである。特に釋無貳本に「本者、金沢称名寺長老秘本云々／累日通夜、面受臥談、有客不語、師資相承」と言うように、連日、熱心に講義を受けたようであるから、そこで本文や傍訓の改変が行われた可能性も高い。中世の僧侶が神典研究に熱心であったことは日本書紀や古事記、古語拾遺などの写本に僧侶が多く係わっていたこと、寺院に所蔵されているものが多いことなどでも分かる(10)。

伊勢本系では、書写年（元弘四年〈一三三四〉）が明瞭であり、書写のあと、校点しているという亮順本で、伊勢本を代表させることにする。先掲の嘉禄本と同じ部分を、亮順本で例示してみる。

亮順本（二一四）

昔在神代 大地主神 營田之日 以牛完食 田人 于時 御歳神之子 至於其田 唾饗 而還 以状告父

嘉禄本では「ハイカケ」とイ音便形であったのが、この系統諸本では「ハキカケ」と本来の語形である。しかし「饗」の左訓は「クヒモノ」であって、嘉禄本の「ミアエ」とは違っている。そして宣賢本にはこの「ミアエ」の訓がないことから、この訓の存在しない本があったらしい。それが嘉禄本、伊勢本系諸本の元となった本の形であったのであろう。その後、伊勢本系では「クヒモノ」と補い、卜部系では「ミアエ」と補ったのである。このように、非常に大雑把な言い方であるが、卜部本系と伊勢本系を比べて、共通した訓があるところは、両系の祖本の段階で付されており、出入りがある部分はその系統特有の補筆であるとみてゆくことができる。

カラー版の意義

カラー版の複製になると、版面から得られる情報は格段に増え、これまでの複製では問題には出来なかったところも分析が可能になる。朱墨の別は当然のことながら、墨の濃淡や筆の重なり、筆勢の違いなどが見極めることができるため、新たな疑問や問題が次々と出てくることになる。

たとえば声点が正確に読み取れると、声点にも注意が向き、現存嘉禄本と嘉禄本を写した諸写本との間に大きな違いがあることに気付く。宣賢本や梵舜本はかなり正確に嘉禄本を写しているが、現存嘉禄本の本文に付いた声点がほとんど写されていないのである。割注の万葉仮名や一部の傍訓の声点は写されているが、大半は付けられていない。まるで声点の付いていない本を写したように見える。そのなか「美曽宇美」については声点がないが（二ウ六）、嘉禄本では圏点が付けられている（九-四）。見落としかと思うと、梵舜本でもこの語には声点が付いていないのである（二ウ六）。宣賢本も梵舜本も、万葉仮名表記語の中、この「美曽宇美」だけ、共通して声点がないのは偶然ではないだろう。

細部の検討を始めると、二つの系統の本を区分する冒頭部分に関しても、その背景を考えて行く必要があることに気付くのである。

『日本書紀』の第七段の第三の一書では、中臣連の遠祖に「興台産霊」が出現し、その子が天児屋命であるという系譜が出てくる。そこでは天児屋命は自ら天香山の榊を抉じ取り、『古語拾遺』では太玉神の率いる部民と書かれている石凝姥、天明玉（櫛明玉）、天日鷲たちに捧げ物を作らせたことになっている。つまり天児屋が中心の物語になっている。ところがそこの祖伝は、「中臣連遠祖、興台産霊児、天児屋命」「鏡作遠祖、天抜戸児、石凝戸辺」「玉作遠祖、伊奘諾児、天明玉」という、神代紀では他に見られない表現になっている。「中臣連の遠祖である興台産霊の子供の天児屋命」という表現は、無理に「興台産霊」をはめ込んだという感じがする。中臣の遠祖を天児屋よりも一代遡らせる意図があると鎌田氏が指摘したところで(11)、このような解釈はその表示法からも可能性があることが分かる。それに「伊奘諾の児」とされる天明玉という神は異様である。伊奘諾の生むのは国土であり、自然神である。「玉作の始祖」を生むというようなことは記紀ではあり得ない伝承のはずである（伊奘諾の子供にも当然いない）。『日本書紀』に加筆があったのか、興台産霊の登場する伝承がすでにあったのか、『古語拾遺』からの視点は、思わぬところに及ぶ。

これはもちろん白黒複製の時でも気付くはずであるが、薄暗いところで作業していたところに明るい電気がつけば、どんな作業であっても、細部まで注意が向くようになる。カラー版によって、細部まで分析が可能になるわけである。「表記」は文献学・書誌学の基本である。全ての情報が表記から与えられる。その表記が明瞭になれば、そこから得られる情報も一気に増え、新しい研究も興ってくるのである。

二　暦仁本

暦仁本の本文は丁寧に書かれており、嘉禄本のような奇妙な字は少ない。一行十六字が中心で、十五字、十七字の行が混じる。ほとんどの文字に読み仮名、あるいは送り仮名が付いており、仮名を綴るだけで、ほぼ訓読文になるという状況である。細かなところまで訓読文が再現できるという点でも価値が高い。

傍訓と諸本との関係

暦仁本は付訓が詳細で、一見すると卜部本系や伊勢本系とは異質な写本のように見えるが、先掲の諸本の比較に用いた部分を上げると、左のようになる（対照の便のために、嘉禄本を再掲しておく）。

暦仁本（一一二‐七～一一三‐二）

昔在神代　大地主神　営田之日　以牛完食（二）田人　于時　御歳神子至（二）（於）其田　唾饗　而還　以状告父

嘉禄本（四六‐三～五）

昔在神代　大地主神　営田之日　以牛完食田人　于時　御歳神之子　可至於其田　唾饗　而還以　状　告父

嘉禄本・伊勢本と共通しているところを太字で表わし、仮名だけで訓読文を表示すると次のような文章になる。

むかし、かみよにあ（ッ）て、**をほところ**ぬし**の**かみ、たを**つくる**ひ、うしのし、をも（ッ）て、た**うど**のくひものにせ**しむ**、ときにみとし**の**かみ**のこ**、そのたにいた（ッ）て、くひものに**つばきはいかけ**てかへ**る**、**かた**ちをも（ッ）てち、に**まうす**（傍線部は訓が異なる所）

つまり暦仁本は、嘉禄本・伊勢本のような傍訓のついた本に、詳細に訓を補っているという景観を呈しているのである。傍線部のように「チ、」と嘉禄本「ソノカミ」のような違いがあったり、「ハイカケ」という嘉禄本形を持っていながら、その下の「饗」には「クヒモノ」という伊勢本形をもっている点など、細部はまだ検討してゆく必要があるが、卜部本系と伊勢本系の共通したところは、それぞれの底本に存在していた訓であろうと推定したのと同じように、暦仁本でも共通しているところはやはり底本に付訓されていたと考える方が良い。したがって、共通しないところは、暦仁本特有の訓であるのであろう。その暦仁本独自の訓が、暦仁本の段階で加えられたのか、もとの所持者である登蓮（?）の手元の本で、すでに加訓されていたのかははっきりしない。元本の所持者が登蓮だとすると、俊恵との交わりもあり、十二世紀後半までは生きていたことが知られ、暦仁元年（一二三八）からは遠くて半世紀くらい前の写本ということになるだろう。向学心の強い人物として『徒然草』（一八八段）に描かれているので、このような補訓を行っている可能性もある。

他本と共通しない訓に、声点がついているものがあり、その中には、書紀古訓らしいものもある（「チクラノオキト」〈八一-五〉、「ミナムヂ」〈八二-四〉）。これらが他の文献からの引用とするなら、暦仁本固有の訓ということにはならない。

つまり、他本と共通のもの、声点のついたもの、書紀古訓と思われるものを除いた部分が、暦仁本であらたに訓読した部分ということになる。

このような分析は面倒そうであるが、やはり一度試みてもよい作業である。

暦仁本の訓読では、「当」「宜」「未」「須」などの文字を再読し（平安中期から再読されるようになったといわれる）、「之」字を読み（不読にするのが古い訓読の特徴といわれる）、「則」「乃」などもスナハチと読むように、漢字を一つ一つ読む、比較的新しいと言われる訓読法をとっている[12]。

また、「（ワサ）ワイ（災）」（八二-七）、「ツカイ（使）」（一一二-五）、「サイハイ」（一一六-三）のように、嘉禄本には出てこなかったハ行音のア行表記が出てくる。『日本書紀』の内容とは離れた逸話や跋文に相当する部分で、斎部広成によって書きおろされ、典拠とする訓が無いところである。新たに訓読した所にはその時代の書き癖や発音の実態が反映することが多い。「わざわい」には「ワサハヒ」（九一-一）の形もある。

これらの補訓が登蓮か、寛英か、その間か、どちらにせよ、五十年ほどの間のことであり、どちらが補訓を付けても、このような仮名遣いになったであろう。ただ、暦仁本では漢音を使っているようであるから、非僧侶（通常は公家）の手によって付されたように見える。登蓮も寛英も僧侶であるが、二人とも出自は分からず、もともとは公家出身で、漢音に詳しいという可能性もある。こういう点についてはこれから改めて検討してゆくべきであろう。

嘉禄本ではほとんど訓が付いていない跋文なども、本書では豊富に訓が付けられており、どのように読まれたのかがよく分かる。鎌倉時代の具体的な訓読がわかるという点で、本書の貴重なところである。たとえば一一四-七「我国家神物霊蹤」は「ワガクニイヱ〱カムトコロミタマノアト」と読まれている。現代の我々の理解とは異なり、「我が国家の」ではなく、「我が国の家々の」と理解していることが分かる。また、一〇八-一「遺」は「ノコル」と訓じられており、嘉禄本の「アヤマテル」とは違っている。「遺」には「アヤマツ」という意味が無く、不審な読み方であるが、元は亮順本（一五九-二）のように「ル」だけが送られていたのを、嘉禄本は内容から「アヤマテル」と意訳し、暦仁本では漢字の字義に合わせて「ノコル」と読んだのであろう。

声点

声点は基本的な部分は嘉禄本と同じであるが、異なったところもある。

漢字音に関しては、漢音を用いているようである。漢字音の声調の基本は四声であるが、日本漢音の基づいた唐代長安音では、音節頭部の子音が無声音（清音）と有声音（濁音）の場合とで、声調に違いが生じた。日本漢音でもその違いを反映することが多く、その体系では、平声に二種類（陰平声、陽平声）、入声に二種類（陰入声、陽入声）あり、上声と去声を併せて六声体系になる。それを日本漢音では陰平声を平声軽、陰入声を入声軽と称し、左の図のように、本来の点の少し上に点を付ける習慣がある。本書でもその位置に声点が振られる。たとえば一〇六-四「功」は平声軽の点が付いている。「功」はk子音（古紅切）をもつので平声軽の声調に合う。一〇七-五「宗」も同じである。濁音に対しては双圏点が使われている（「俗」〈九八-六〉、「美豆（平／平濁）」〈九一-六〉）。漢字に対しては圏点ばかりで、線点は使われていない。

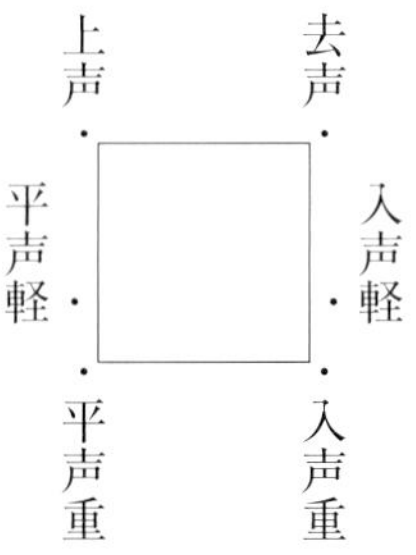

暦仁本では漢字音を仮名表記している例があるのが貴重である。ほとんどの場合、漢音形が付けられている。「礼」（一一五-一）に「レイ」（呉音は「ライ」）、「庸」（一一六-三）に「ヨウ」（呉音は「ユウ」）、「朽邁」（一一六-一）の「朽」に「キウ」（呉音はク）。ただし、「邁」に「マイ」が当てられているが、これは本

来は呉音形で、漢音形は「バイ」のはずであるが、他の文献でもこの漢音形はほとんど使われることなく、呉音形の「マイ」が使われる。

傍訓のアクセント

暦仁本の傍訓には声点がついたものが多いのは、何らかの典拠に基づいたものであろう。一五〇項目ほどある（単語の一字だけについたものも、数語に纏めて付いているものも一項目と算えた）。

本書では濁点（双点）が使われている。中には「カムベ」（九九-一）のように濁点表示だけに見える例も現れている。暦仁本の声点は濁音表示的になりつつあり、嘉禄本よりも新しいという指摘もなされている[13]。

仮名字体

暦仁本で用いられている仮名字体は、左のようなものである。

【「暦仁本」仮名字体表】

あ	ア	い	イ	う	ウ	え	エ こ	お	オ シ
か	カ	き	＼ キ	く	ク	け	ケ	こ	コ
さ	サ 七	し	し	す	ス 爪	せ	せ	そ	ソ
た	タ	ち	チ	つ	ツ	て	テ	と	ト
な	ナ	に	ニ 尔	ぬ	ヌ	ね	子	の	ノ
は	ハ	ひ	ヒ	ふ	フ	へ	へ	ほ	[illegible] ホ
ま	丆	み	ミ ア	む	ム	め	メ	も	モ
や	ヤ			ゆ	ユ	江	エ	よ	ヨ
ら	ラ	り	リ	る	ル	れ	レ	ろ	ロ
わ	ワ 禾	ゐ	井			ゑ	こ エ	を	シ オ
ん	ン	シテ	レ (ソ)	コト	ヿ	踊字	〱 、	訓字	玉、上、人

嘉禄本と比べると、若干の違いがある。字体を見ると、「ツ」の三画目が少し長く、「ウ」の撥ねが長い。「シ」の三画目があまり下に下がらないなど、やや新しい片仮名字体になっている。字母では、「き」に「＼」を使うのが大きく異なる。嘉禄本の特徴としてあげた「さ」「み」の仮名が使用されているが、「七（さ）」は「サ」に代えられたところと、そのまま使用されているところがある。「み」はほとんどが「ミ」になっている。「ア（み）」の字体は、「ア」と紛らわしいので、「ミ」に変えるのは合理的である。それでも直しきれないところが残っていて、九〇-六「ミフネ（舟）」や一〇二-二「ミツキモノ（貢）」の「ア（み）」はおそらく「ア（あ）」と読み間違ったので、訂正しなかったのではないかと思われる。

「ヿ（コト）」「レ（ソ）（シテ）」のような、訓点資料によく見られる合字が使われているが、この合字は嘉禄本では使われていなかった。

符号としては、合点もあり（九三-三）、転倒符もある（一〇八-三「ミヤヲ」のヲの横の線）。訓合符はあるが、音合符が無く、符号の付け方も他の本とは異なっているようである。

誤写・誤訓

誤写に気付かずそのまま訓を付けているところもある。

九一-三「産狭知」に「ムスサチ」と付訓しているが、「彦（ヒコ）狭知」である。既出のものであるから、あまり丁寧に本文を見ていないらしい。

一〇三-一「宇豆麻佐（うづまさ）」を「宇豆鹿佐（ウヅカサ）」としているのも、誤写に気付かなかったのであろうが、割注をみれば、「埋益（ウツムニマス）」と書いてあるので、誤写に気付いてもよいかと思われる。

一〇三-三「蘇我麻智（蘇我稲目の曾祖父）」の「麻」を「アサ」と訓じているが、『日本書紀』では「満智」と表記されているので「マチ」と読むべき所である。

「斎部」も「イツキベ」と読んだり「クダラベ」（一一一-一、三）と読んだりしている。

「斎部首」（一〇四-二）などは「イツキヘノカフト」と読んでいるが（亮順本も同じ、一二〇-四）、これは「イミベノヲビト」のはずである（嘉禄本は「イムヘノヲフト」三七‐六〈ヲフトはヲビトのウ音便。淡墨〉）。

語彙

「音便」については、嘉禄本と同じように、促音便、撥音便、イ音便、ウ音便がある。嘉禄本に準じて判断できるであろう。バマ相通についても同じである。

「ノコムノ（遺）」（一一‐四）は「のこりの」の「り」が撥音化したもののようで、この時代としては珍しい。

嘉禄本でも触れた「男茎形」は「オトコノハセノカタヲ」と訓が振られ、「ハセ」には声点（○○）が振られている。嘉禄本では「ヲハセカタ」という訓であったので、「ヲハセ」で一語なのか、「ヲ」の「ハセ」なのかが不明瞭だったが、「ハセ」が一語で男根を表したらしいと分かる。

「ネコジノサネコジスルニ」（一〇八‐七）は、嘉禄本と小異がある。

「等」（九九‐三）を「トウ」と音読しているのも珍しい。通常は「ら」「たち」「ども」。

「者」（九〇‐一）に「イハ」の訓があるが、これは「イッパ（言フハ）」の表記とも、古い助詞「イ」が残存したものと言われているものである。もし「イ」説が正しいなら、ずいぶん古い読み方が残っていたことになる（助詞イは平安初期の訓点資料に多い）。

「小治田」は通常「オハリタ」「オハリダ」と読み慣わしているが、ここでは「ヲバリタ」（一〇三‐六）となっている。これが誤点でないとするなら、興味深い。濁点が豊富であるために、清濁が不明の語彙に参考になる。たとえば、九〇‐三「オホヅハモノ（元戎）」も同じである。

以上、暦仁本の特徴を述べてきたが、暦仁本は残念ながらあまり研究されていない。研究は如何なる困難を乗り越えてとは言うものの、この激しい虫損と汚損の本を白黒複製本で分析して行くことは、かなり難しいことであったし、心理的にも意欲が湧きにくいのは仕方ないことである。しかし今回のカラー複製によって、読みにくさは残るものの、かなりの精度で調査することが可能になっている。特に鎌倉時代に、伝統によらずに訓読した部分は、たいへん価値の高いものである。仏教界には、この時代の訓読文を再現できる仏典があるので[14]、そういう仏典との対照も可能になってくるだろう。

【注】

（1）小林芳規「日本書紀における大江家の訓読について」（『國學院雑誌』七一‐一一、一九七〇年）
（2）築島裕『平安時代語新論』（東京大学出版会、一九六九年）
（3）桜井茂治『中世国語アクセント史論考』（桜楓社、一九七六年）
（4）鈴木豊「『古語拾遺』の声点」（『国文学研究』七九、早稲田大学国文学会、一九八三年）
（5）鎌田純一「古語拾遺の改竄者は誰か」（『國學院大學日本文化研究所紀要』一一、一九六二年）
（6）加藤玄智校訂『校本古訓古語拾遺』（錦正社、一九四一年）
（7）木田章義「200年ぶりの里帰り―宣賢自筆本『古語拾遺』―」（『静脩』四五‐四、京都大学図書館機構、二〇〇九年）
（8）石井正敏「『古語拾遺』の識語について」（『日本歴史』四六二、一九八六年）
（9）『尊経閣善本影印集成三一　古語拾遺』（八木書店、二〇〇四年）、石上英一・月本雅幸解説
（10）佐佐木一雄「寺院僧侶の国典研究」（『藝文研究』四、慶應義塾大學藝文學會、一九五五年）
（11）注（5）論文
（12）小林芳規「日本書紀古訓と漢籍の古訓読―漢文訓読史よりの一考察―」（『〈佐伯梅友博士古稀記念〉国語学論集』表現社、一九六九年）
（13）注（4）論文
（14）築島裕・坂詰力治・後藤剛編『最明寺本往生要集　影印篇』（汲古書院、一九八八年）
中田祝夫編『妙一記念館本　仮名書き法華経　影印編』（霊友社、一九八八年）

【参考文献】

内山弘「清原宣賢自筆『日本書紀抄』所収『日本書紀』神代巻傍訓の声点」(『語文研究』六六・六七、九州大学国語国文学会、一九八九年)
太田正弘「真福寺本「古語拾遺」に就いて」(『神道及び神道史』三七・三八合併号、一九八二年)
鎌田純一「古語拾遺諸本概説」(『國學院大学日本文化研究所紀要』一三、一九六三年)
同「校本古語拾遺」(『國學院大學日本文化研究所紀要』一八、一九六六年。底本嘉禄本)
木田章義「訓読と翻訳」(『日本学・敦煌学・漢文訓読の新展開』汲古書院、二〇〇五年)
小林芳規「返点の沿革」(『訓点語と訓点資料』五四、一九七四年)
坂水貴司「清原宣賢自筆『日本書紀抄』(後抄本)本文傍訓の声点が反映するアクセントについて」(『国語教育研究』五四、広島大学教育学部国語教育会、二〇一三年)
杉浦克己「古語拾遺諸本の訓読上の特色について」(『放送大学研究年報』一七、一九九九年)
同「古語拾遺の一写本をめぐって」(『放送大学研究年報』二五、二〇〇七年)
鈴木豊「『日本書紀』神代巻の声点」(『国語学』一三六、一九八四年)
同編『古語拾遺・声点付語彙索引』(アクセント史資料研究会、一九八六年)
同編『日本書紀神代巻諸本・声点付語彙索引』(アクセント史資料研究会、一九八八年)
(尊経閣本)「元弘本古語拾遺解説」(『尊経閣叢刊　古語拾遺』前田育徳会、一九二六年)
築島裕『平安時代の漢文訓読語につきての研究』(東京大学出版会、一九六三年)
同『平安時代訓点本論考　ヲコト点図仮名字体表』(汲古書院、一九八六年)
天理図書館善本叢書和書之部編集委員会『天理図書館善本叢書和書之部一　古代史籍集』(天理大学出版部、一九七二年)、石崎正雄解説
天理図書館善本叢書和書之部編集委員会『天理図書館善本叢書和書之部二七　日本書紀纂疏・日本書紀抄』(天理大学出版部、一九七七年)
西宮一民校注『古語拾遺』(岩波文庫、一九八五年。底本嘉禄本)
溝口駒造「古語拾遺の書誌的考察」(『神道学雑誌』一八・一九、一九三五年・一九三六年)
宮澤俊雅「古語拾遺伝本系統考」(『北海道大学文学研究科紀要』一〇五、二〇〇一年)
安田尚道・秋本吉徳校註『新撰日本古典文庫四　古語拾遺　高橋氏文』(現代思潮社、一九七六年)

新天理図書館善本叢書 第4巻　古語拾遺 嘉禄本・暦仁本

2015年10月24日　初版発行　　定価（本体25,000円＋税）

編　集　天理大学附属　天理図書館
代表　諸井慶一郎
〒632-8577 奈良県天理市杣之内町1050

刊　行　（学）天理大学出版部
代表　東井光則

製　作　株式会社　八木書店古書出版部
代表　八木乾二
〒101-0052 東京都千代田区神田小川町3-8
電話03-3291-2969（編集）-6300（FAX）

発　売　株式会社　八木書店
〒101-0052 東京都千代田区神田小川町3-8
電話03-3291-2961（営業）-6300（FAX）
http://www.books-yagi.co.jp/pub/
E-mail pub@books-yagi.co.jp

製版・印刷　天理時報社
製　　本　博勝堂

ISBN978-4-8406-9554-1　第1期第4回配本　